CÓMO ANALIZAR A LAS PERSONAS Y DOMINIO DEL LENGUAJE CORPORAL 2 EN 1

UNA GUÍA PRÁCTICA PARA LEER RÁPIDAMENTE A LAS PERSONAS, AUMENTAR LA INTELIGENCIA EMOCIONAL (IE) Y PROTEGERTE CONTRA LA MANIPULACIÓN DE LA PSICOLOGÍA OSCURA

WESTLEY ARMSTRONG

DEVON HOUSE
PRESS

CONTENTS

INTRODUCTION

¿Cuántas veces alguien te ha dicho algo, pero quiso decir una cosa completamente diferente? Las palabras son fáciles de decir, yo puedo decirte lo que quiera. ¿Pero cómo sabes si estoy siendo honesto? ¿Cómo saber si tengo un motivo oculto, quizás incluso uno malo? ¿Cómo puedes saber cuándo un político está tratando de engañarte? ¿Cómo se puede distinguir a un estafador de un comerciante honesto?

¡Puedes leerlo! "Espera", puedes decir, "leemos palabras, y me acabas de decir que las palabras se pueden manipular..." Sí, las palabras pueden ser manipuladas, de hecho, muy a menudo lo *son*. ¡Pero no solo leemos palabras! También leemos sonrisas, labios, manos, incluso pies... aunque no me refiero a la lectura de la palma de la mano... ¡Lo que quiero decir es analizar el lenguaje corporal y ese enorme conjunto de señales no verbales que producimos todo el tiempo!

¿Sabías que la mayor parte de lo que "decimos" no es verbal? Técnicamente deberíamos decir "comunicamos", pero el caso es que el 60% de lo que comunicamos en promedio es no verbal. Solo el 40% de la comunicación se compone de palabras (escritas, habladas, cantadas...)

Entonces, ¿no te parece extraño que en todos nuestros estudios de comunicación (desde aprender a hablar hasta aprender inglés, estudiar periodismo y leer a Shakespeare) básicamente todo lo que aprendemos es a leer palabras?

No es de extrañar que haya tantos malentendidos. *¡Solo aprendemos a darle sentido al 40% de todo lo que comunicamos!* Ahora, imagínate si pudieras entender el 60, 70 o incluso el 80% de lo que la gente realmente te está diciendo.

Y antes de continuar, hagamos una pausa un segundo... Puede que estés pensando, "Sí, pero leer el lenguaje corporal y las señales no verbales es mucho trabajo..." Te comprendo completamente. El lenguaje verbal de por sí ya puede ser complicado para algunas personas. Imagínate políticos o agentes de seguros... Tuercen las palabras, usan términos extraños, juegan con la ambigüedad... Bien, pero...

...Leer la comunicación no verbal no tiene por qué ser una molestia ni una tarea difícil. No estarás sacando un cuaderno y anotando todos los signos todo el tiempo... Como todas las cosas que aprendes, si lo "digieres" bien, se convertirá en una segunda naturaleza para ti. Se volverá algo espontáneo, sin esfuerzo, automático... Como conducir un coche de hecho...

Es principalmente una cuestión de tomar conciencia de lo que está "más allá de las palabras y codificado en gestos" y equiparte con un buen conjunto de "herramientas de lectura". ¡Luego todo es cuesta abajo!

Y de hecho, las personas que son buenas para leer el lenguaje corporal lo hacen todo el tiempo y de forma natural, casi inconscientemente. Estadísticamente, las mujeres son mejores que los hombres en esto. Pero hay más... Todo el mundo lo hace hasta cierto punto, pero no siempre somos muy conscientes de ello...

Piénsalo... ¿Recuerdas algún momento en que alguien te dijo algo, pero simplemente no lo creías, porque "algo no estaba bien?" ¿Quizás eso te ahorró unos dólares o incluso algo peor, como una mala relación? Pero aún no puedes darle una explicación a "esa cosa que no hizo clic..." Eso es porque no era una palabra, ni una oración... ¡Era una señal no verbal que leías sin darte cuenta!

Y te contaré un secreto... Yo también era muy malo para leer el lenguaje no verbal. Y, de hecho, cuando era niño estaba frustrado. La gente se aprovechaba de mí con regularidad y, bueno, me enfrenté a grandes decepciones. Pero luego, cuando estudié psicología en la universidad, me di cuenta de que la mayor parte de lo que sucede en nuestra mente no es consciente, ¡y mucho menos verbal! Me di cuenta de que, si algo es irracional, no puede ser verbal. Las palabras expresan pensamientos racionales... Pero ¿qué hay de todo pensamiento creativo, emocional y simplemente no racional?

Luego estudié pedagogía y aprendí que un buen maestro no es el que dice las palabras adecuadas... sino el que transmite conceptos a través de muchos medios de comunicación. Y que solo una minoría de estudiantes tiene una forma de aprendizaje principalmente verbal. Algunos tienen naturaleza de aprendizaje visual, otros cinestésica (basada en el movimiento), etc.

Gracioso, ¿no? La comunicación verbal ni siquiera es el método de aprendizaje natural más común, pero confío en que tu experiencia en la escuela fue una de, cómo describirla, ¿muchas palabras y verbosidad?

Entonces, cambié mi curso de estudio después de mi título. Me di cuenta de que era una persona muy racional. Pero quería aprender todo sobre "el otro lado de la inteligencia y el comportamiento humano". Y pasé años investigándolo...

¿Las consecuencias? Bueno, para empezar, cuando era muy racional, era presa fácil de engaños y estafadores... *Después de aprender a analizar la comunicación no verbal, se volvió mucho más difícil engañarme.* Ahora, piénsalo, ¡no lo soy! Entonces, si eres como yo era en el pasado, si la gente deshonesta puede "olerte a la distancia" o incluso si te engañan de vez en cuando... Tú también te evitarás muchos problemas.

¡Y no tomes mis palabras como leídas (perdón por el juego de palabras)! No estoy simplemente diciendo que analizar la comunicación no verbal tiene efectos positivos masivos en tu vida. ¡Es ciencia! Hay muchos estudios que podría citar, pero uno reciente sobre cómo, por ejemplo, esto puede cambiar tus relaciones familiares es 'La comunicación no verbal de las emociones positivas: un enfoque familiar de emociones' por la psicóloga Disa A. Sauter de la Universidad de Ámsterdam, que apareció en la revista de psicología *Emotion Review* en julio de 2017. ¡Este estudio concluye que la mayoría de las emociones positivas se comunican solo de manera no verbal! Piensa en la felicidad que nos estamos perdiendo...

Pero *los beneficios se acumularán para ti como lo hicieron para mí* si aprendes a analizar la comunicación no verbal... Hay tantos tipos que no sabría por dónde empezar...

¡Tus relaciones sociales mejorarán mucho! Esto incluye tus relaciones con otras personas importantes (amigos, familia, pareja, etc.), pero también con personas a las que "acabas de conocer" o con las que tienes encuentros casuales.

Y sí, *también con tus compañeros en la escuela o en el trabajo...* Y esto puede marcar *una gran diferencia en tu calidad de vida...* Piénsalo, ¿qué haces en cuanto llegas a casa? La mayoría de la gente se queja de tal o cual colega, amigo de la escuela, maestro o, más frecuentemente, ¡jefe! Ellos pueden hacer de nuestra vida una miseria. Y si puedes eludir su comunicación verbal, entonces serás tú quien esté a cargo.

¿Quieres un poco más? *¡Tu vida profesional mejorará mucho!* De hecho, la verás cambiar ante tus ojos. Nuevamente, si solo comprendes las señales verbales en el trabajo, te perderás toda una esfera de comunicación e información que podrías utilizar para tu trabajo y tareas reales, para tus colegas y (¿por qué no?) para tu carrera.

Crecerás en la estima de la gente. Sí, porque cada vez que perdemos una pista, cada vez que malinterpretamos un punto (incluso los ocultos), en realidad quedamos en ridículo. Sí, nuestros amigos y familiares son comprensivos... pero lo que importa es el efecto acumulativo... Y no te olvides, la gente recuerda estos pequeños eventos de manera subconsciente.

Te volverás más inteligente. Especialmente, te volverás más inteligente emocionalmente. Es posible que hayas oído hablar de esto, porque es un tema muy importante en psicología y desarrollo personal en estos días. La inteligencia emocional se basa en gran medida en la comunicación no verbal. *Las personas con buena inteligencia emocional son en promedio más felices y exitosas que las que carecen de ella.*

Como consecuencia, *tu calidad de vida se disparará. Serás más feliz, más confiado, perderás mucho menos tiempo resolviendo problemas que no habías previsto* y tendrás mejores relaciones.

Por último, pero no menos importante, *no serás manipulado fácilmente.* Llamemos a las cosas por su nombre... Cuando miras un anuncio, estás expuesto a una imagen o un clip corto hecho por un experto en manipulación y con muchos medios a su disposición... Estamos siendo manipulados todo el tiempo.

Cada vez que compras algo y después de un tiempo dices: "¿Por qué demonios lo compré?" la respuesta es siempre la misma: ¡te han manipulado para hacerlo! *Los políticos son manipuladores profesionales.* Esto no es nada nuevo. ¡Lo han sido desde los tiempos de la Grecia clásica! Sus discursos fueron obras maestras de la manipulación de multitudes... Ahora simplemente mejoraron y tienen mayores medios.

Pero espera, ¿sabes que los políticos (como actores y actrices) están literalmente entrenados para usar el lenguaje corporal y la comunicación no verbal? ¡Es una de las partes más importantes de su formación y éxito! "Parece presidencial", decimos, porque él (o ella) aprendió a pararse, mirar, moverse, usar las manos, etc. de una manera que proyecta confianza y calma.

¡Tienes razón! Los políticos y los estafadores profesionales están un paso por delante. Pero déjame contarte un secreto: incluso para ellos es muy difícil, de hecho imposible, ocultar sus verdaderos pensamientos. Un pequeño giro en los labios de Bill Clinton arrojó profundas dudas sobre su "cara seria" y su defensa en el caso de Mónica Lewinsky...

Y debes haber visto a psicólogos analizar la comunicación no verbal de las personas en la televisión. Tú también puedes hacerlo ahora. Y si los políticos y los estafadores tienen una ventaja, ¡es una razón más para comenzar pronto!

Hablando de eso... ¿Sabes cuándo el próximo manipulador, estafador o colega deshonesto llamará metafóricamente a la puerta de tu vida? No, ¡pero puede que sea mañana!

¿Te das cuenta de que cada día que pasas sin ser capaz de analizar el lenguaje corporal de las personas y otros signos es un día en el que pierdes mucha felicidad y confianza?

¿Cuánto tiempo estás dispuesto a esperar antes de hacer algo para mejorar esas relaciones que tanto te frustran? E incluso las buenas relaciones tienen momentos frustrantes, ¡todos lo sabemos!

Ahora, piénsalo honestamente: *podrías estar en camino de resolver todos estos problemas en minutos...* O podrías posponerlo y perder un tiempo valioso.

Y *este libro está realmente basado en investigaciones reales; es científico en todo lo que dice.*

Pero *¡este libro también es una buena lectura!* Es cierto que hay ciencia sólida detrás de todas las *estrategias, habilidades e incluso ejercicios* de este libro. Pero es posible que hayas adivinado que queremos que esta experiencia sea placentera, incluso alegre. Te dije que estudié pedagogía a nivel de posgrado (la ciencia de la enseñanza y el aprendizaje). ¿Y conoces la regla número uno del aprendizaje? Estadísticamente, *¡las personas aprenden mejor cuando se divierten!* Ahí va otro mito urbano sofocante por la ventana... las lecciones no tenían por qué ser aburridas en la escuela...

Y *este libro también es práctico.* Al final, debes aprender a *analizar el lenguaje no verbal de las personas, ¡no sobre eso!* Hay actividades y ejercicios que puedes realizar sin perturbar tu vida diaria. Son breves, pero también "no invasivos". Déjame explicarte... Están diseñados para que puedas hacerlos mientras realizas tu vida diaria... Cuando estás de compras, cuando estás en el autobús, etc. No quiero tomarte más tiempo del necesario.

Verás cambios reales y visibles en tu vida. La promoción en el trabajo quizás no sea inmediata, pero verás mejoras en las relaciones, la confianza y en la calidad general de tu vida.

¡Es triste que el análisis de la comunicación no verbal no se enseñe en la escuela! *Piensa en cuántas vidas mejoraría...* Pero bueno, no debemos llorar sobre la leche derramada, sino que deberíamos intentar hacer algo con nuestras deficiencias...

Y ahora que ya sabes qué hacer, y sabes que está a solo un clic de distancia, ¿te deseo una buena lectura?

FUNDAMENTOS DEL LENGUAJE CORPORAL

¿POR QUÉ EL LENGUAJE CORPORAL?

Si aún necesitas convencerte sobre la importancia del lenguaje corporal, permíteme mostrarte una cita del escritor, entrenador y consultor Allen Ruddock:

"Tu cuerpo se comunica tan bien como tu boca. No te contradigas."

— ALLEN RUDDOCK

Hay dos puntos que podemos obtener de esta declaración:

1. Que si comprendes el lenguaje corporal, también comprenderás cuándo las palabras de las personas no coinciden con su comunicación no verbal.
2. Que si comprendes el lenguaje corporal, puedes mejorar tu comunicación no verbal y volverte más convincente, confiado, confiable e incluso respetado.

Es una situación en la que todos ganan. Si eres consciente del lenguaje corporal de otras personas, también te vuelves más consciente del tuyo. Es lógico, ¿no?

Pero déjame hacerte una pregunta. ¿Crees que es más fácil ser consciente de:

1. ¿Tu propio lenguaje corporal?

o

2. ¿El lenguaje corporal de otras personas?

¿Has decidido? Ahora, aquí está la verdad. Es mucho más fácil estar al tanto del lenguaje corporal de otras personas. Y esto es principalmente lo que nos preocupa. Pero también verás mejoras en el tuyo. No es completamente automático. Lo que significa que no aplicarás automáticamente todo lo que has aprendido sobre otras personas. Todos sabemos que la persona más difícil de observar es uno mismo.

Pero *te volverás más consciente de tu propio lenguaje corporal,* que es necesario para luego corregirlo.

Ahora bien, ¿por qué entender el lenguaje corporal? ¿Sabes lo que dicen sobre las entrevistas de trabajo? ¿Sabes que el panel decide si consigues el trabajo o no en los primeros 60 o incluso 30 segundos? "Buena pérdida de tiempo", puedes pensar... Estoy de acuerdo. Pero digamos que no todo se decide en el primer minuto más o menos...

Es más probable que decidan si eres finalmente elegido en esos pocos segundos... Pero lo que nos interesa es esto: ¿cuántas palabras dices realmente en los primeros 30 segundos?

La respuesta es muy pocas, y ninguna de ellas tiene ninguna relevancia para el trabajo. Suele ser así:

El panel: "Buenos días."

Tú: "Buenos días."

El panel: "¿Encontraste bien el lugar?"

Tú: "¡Oh, sí!"

Fin de los 30 segundos...

Entonces, su decisión sobre todo tu futuro no puede basarse en estas palabras, ¿verdad? De hecho, se basa en el gran conjunto de *señales no verbales que damos cuando conocemos a alguien.*

Veremos que hay momentos en los que la comunicación no verbal se acelera. Y uno de estos momentos es cuando conoces gente nueva o inicias una interacción, en cualquier caso. Mientras ellos deciden si tu forma de pararte, caminar, dar la mano, incluso vestirte o mirar alrededor del salón les da la "impresión correcta" de que eres un candidato válido... bueno, ¡tú puedes hacer lo mismo con ellos!

Puedes ver si realmente les gustas, si confían en ti, si están interesados o están pensando en el próximo candidato... *No te lo dirán; pero te lo mostrarán.*

Hablamos brevemente sobre esto en la introducción, pero aquí hay algunas razones clave por las que *¡el lenguaje corporal moldea e incluso determina nuestra calidad de vida!*

El lenguaje corporal es clave para las relaciones sociales

Piensa en ese compañero de escuela por el que nadie se preocupó... Ese alhelí... Mira su lenguaje corporal. ¿Quieres apostar a que él o ella tenía la mayoría de estas cosas en diversos grados?

- Hombros caídos
- A menudo bajaba la mirada
- Ropa gastada o poco interesante (accesorios, zapatos, peinado, etc.)
- Postura encorvada
- A menudo se cruzaba de brazos
- Pies apuntando hacia adentro (ok, es posible que no lo hayas notado)

Básicamente, el "lenguaje corporal de tu amigo" le dijo a la gente que se mantuviera alejada. No es de extrañar que lo hicieran... Y esto no es necesariamente porque esa persona (¡ahora sientes pena, lo sé!) realmente lo quisiera. Nuestras mentes son más complejas que eso... Quizás todo se debió a una falta de confianza... Quizás simplemente significó, "Mantente alejado a menos que seas la persona más confiable y libre de prejuicios del mundo".

Sí, en la mayoría de los casos ese lenguaje corporal significa exactamente eso... Pero no lo sabemos. Especialmente cuando éramos adolescentes... ¿Cuántas personas han conocido adolescentes horribles porque no podíamos leer sus señales reales? En mi opinión, aquí hay una gran razón para aprender el lenguaje corporal...

Y si fueras uno de esos, entonces realmente sabes lo que quiero decir...

El lenguaje corporal afecta tu éxito (en el trabajo, pero no solo allí)

Hay más en la vida que el trabajo. Hay relaciones familiares, amigos, pasatiempos, etc. Y el lenguaje corporal influye en el éxito que tengas en todo esto. Aquí, tanto el análisis del lenguaje corporal como el uso de un lenguaje corporal positivo pueden marcar una gran diferencia en tu vida.

Sabemos implícitamente que "las personas exitosas *lucen exitosas*", ¿no es así? Ahora, ¿recuerdas al alhelí en tu clase? ¿Cuántas personas exitosas se quedan atrás? Y soy un holgazán por naturaleza, así que lo digo por experiencia personal.

Permíteme darte un consejo personal de corazón, de hecho... Si te encorvas, corrígelo por todos los medios. ¡Por favor, por favor, hazlo! ¡Tu vida cambiará como no lo habrías soñado!

Y esto nos lleva al siguiente punto...

El lenguaje corporal te hace "seguro o vulnerable"

Hablando de encorvarse y de tu forma de caminar, ¿sabes que las personas que caminan con los hombros hacia afuera tienen muchas menos probabilidades de ser asaltadas o agredidas en un callejón oscuro? Entonces, *¡el lenguaje corporal puede incluso mejorar tu seguridad física!*

Ves cómo incluso los criminales actúan sobre el lenguaje corporal... Y estoy seguro de que lo sabes. Buscan a alguien que "parezca vulnerable" y así es como (consciente o inconscientemente) eligen a sus víctimas.

Una vez más, ¡y viceversa! Tú también puedes detectar a alguien con malas intenciones por su lenguaje corporal. Sígueme... A menudo "evaluamos las intenciones de las personas" utilizando las herramientas equivocadas. Muy a menudo son prejuicios que los medios de comunicación y la sociedad nos imponen como:

- Personas con aspecto descuidado
- Personas que se ven "diferentes" de una forma u otra
- Hombres jóvenes y altos
- Personas con tatuajes
- Personas con cicatrices
- Desafortunadamente, incluso personas con una piel más oscura que la nuestra

Esto solo conduce a la perpetuación de estereotipos y prejuicios. ¿Qué tal si supieras cómo saber si alguien realmente *tiene intenciones negativas y agresivas* independientemente de estos prejuicios?

Echemos un vistazo a la naturaleza para obtener una lección. ¿Alguna vez has visto a un león caminar en medio de una manada de cebras y que a estas simplemente no les importe? Por supuesto que lo has visto.

Entonces, las cebras no tienen prejuicios contra los leones. Pero tan pronto como el león tiene hambre, su actitud y lenguaje corporal cambian, ¡y las cebras comienzan a correr!

Verás, incluso la naturaleza usa el lenguaje corporal como una herramienta de supervivencia... Y nosotros todavía no... Sin embargo, *a los funcionarios bien capacitados (como los agentes del FBI y la CIA) se les enseña literalmente a detectar los signos del lenguaje corporal que muestran una amenaza oculta.*

¡No hay ninguna razón por la que no debas conocerlos también!

El lenguaje corporal te hace menos "crédulo"

Juguemos a este juego... José y Sarah van al mercado a comprar víveres... José es muy cuidadoso, tiene los ojos fijos en las manzanas, papas, calabacines y tomates que está comprando... Sarah, por otro lado, cuando está comprando algo, no lo mira... No... ella mira a su alrededor y en particular, mira hacia arriba, al comerciante o al vendedor.

¿Quién terminará con las mejores ofertas? ¡Lo más probable es que mientras José mira sus tomates, el comerciante deshonesto se sienta perfectamente seguro! Sí, esa es la palabra. Seguro. La mejor manera de evitar la queja de alguien es mirarlo directamente a los ojos. Entonces, José puede estar pensando que las manzanas se ven bien mientras el comerciante deshonesto está arreglando la balanza...

Pruébalo incluso como un juego. Llama a un amigo y trata de hacerle una broma... Por ejemplo, ofrécele una copa de vino (o un café) y luego trata de llevártelo... Pero mirándolo directamente a los ojos...

¿Puedes sentir lo difícil que es? Literalmente te sentirás congelado, o como si tuvieras una enorme energía en tu cuerpo que debes vencer...

Ahora mira hacia otro lado y ya sientes que solo necesitas decir algo como: "¡Oye, hay una ardilla!" ¡Y el truco está hecho!

Observar el lenguaje corporal de la persona con la que estás haciendo un trato es la mejor manera de conseguir un buen trato (o abandonar el trato si no confías en él/ella).

¡El lenguaje corporal es divertido!

Permíteme aplicar un toque personal como la última razón por la que aprender la comunicación no verbal es algo bueno. Es realmente divertido leer cómo la gente se mueve, se para, sonríe, sus pequeños gestos extraños... Realmente llena tu día con hermosos detalles. En mi opinión, te hace amar la psicología y el comportamiento humano aún más...

Y te convierte en un buen escritor, si tienes ambiciones literarias... Solo piensa en lo que los grandes escritores tienen en común, una atención al detalle sobre el lenguaje corporal... *El lenguaje corporal es la mejor manera de presentar un personaje...*

Oh, me estaba olvidando: ¡Poirot de Agatha Christie! Por supuesto, ¡los grandes detectives también son grandes lectores del lenguaje corporal!

HISTORIA DEL LENGUAJE CORPORAL

Juguemos otro juego, ¿de acuerdo? Bien, te daré algunos nombres conocidos y debes decirme qué tienen estas personas en común. Newton, Darwin, Einstein, Marie Curie, Freud, Galileo, Mendel... Por supuesto, todos tuvieron un gran papel en la historia de la ciencia...

Como todas las ciencias, incluso el lenguaje corporal tiene una historia. Mucha gente argumentará que comenzó en el siglo XVII, pero yo soy un inconformista y diré que, de alguna manera, podemos impulsarlo mucho antes de eso. Quizás no como un *"estudio consciente y racional de cómo las personas se comunican de forma no verbal"*, sino como la *"conciencia y representación simbólica de cómo las personas se comunican de forma no verbal".* Al final de cuentas, no comenzamos la historia de la física con Newton (¡nos remontamos al menos a Zenón, uno de los primeros filósofos griegos!)

De todos modos, lo que quiero decirte con esto es que las civilizaciones han sido culturalmente conscientes del lenguaje corporal, incluso si lo vieron desde una perspectiva menos científica que la actual. Entonces, ¿hasta dónde podemos llegar? Mira un jeroglífico, tan atrás en el tiempo, ¡sí! ¿Notas que la forma en la que se posiciona el cuerpo tiene un significado simbólico y expresivo? Lo sé, no te lo dicen en la escuela, pero en el arte egipcio, das con la mano izquierda y recibes con la derecha. Este es un hábito todavía muy fuerte en muchas culturas alrededor del mundo.

Sin embargo, esto no fue solo un "ritual". La mano izquierda está conectada con el lado derecho del cerebro, el lado menos racional y más emocional del cerebro. Dar con la izquierda significa dar "con el corazón". Es una señal de honestidad.

El hecho es que los egipcios nos dejaron un gran conjunto de "gestos estandarizados", incluso ritualizados, pero ningún libro de texto de análisis real. Entonces, en su caso, no podemos hablar de un análisis consciente del lenguaje corporal (no que sepamos).

Pero esto sigue ocurriendo a través del arte hasta los tiempos modernos. Verás en la mayoría de las pinturas que la importancia de las personas está representada por la *proxémica*. Aquí es donde las personas se relacionan entre sí, y es una de las cosas que usamos para analizar la comunicación no verbal.

Entonces, los reyes están más altos que sus súbditos en casi todas las pinturas. Los protagonistas van en el medio, de pie, y no es casual que se sienten, etc. Pero nuevamente, esto no es un análisis científico; solo muestra que la conciencia del lenguaje corporal nunca ha vacilado a lo largo de los siglos, en realidad, milenios.

Sin embargo, es cierto que comenzamos a mirar el lenguaje corporal de una manera racional, empírica y científica general a principios del siglo XVII. Por supuesto, ese fue un momento en el que la ciencia comenzaba a afirmar su método. En 1605, un famoso filósofo inglés (funcionario civil, agente secreto, etc.) publicó un libro *El avance del aprendizaje* (el título completo en inglés es *Of the Proficience and Advancement of Learning, Divine and Human*) y en él se alega que fue el primero en vincular el significado de las palabras con el de los gestos, con una famosa afirmación:

"Como la lengua habla al oído, así el gesto habla al ojo."

— FRANCIS BACON

Como todos los campos científicos, el análisis del lenguaje corporal necesita una hipótesis de partida (como "el mundo es redondo") y luego necesita encontrar evidencia en datos reales. Aquellos fueron el comienzo de esta nueva ciencia, y ese fue el punto de partida.

Para nosotros, la declaración de Bacon puede parecer totalmente concedida y de sentido común. Pero cada idea debe ser verificada y luego probada o refutada con hechos y datos científicos, incluso los más obvios. Y de hecho, pasaron décadas antes de que alguien tomara la declaración de Sir Francis Bacon lo suficientemente en serio como para verificar su teoría con datos.

Era el año 1644 y un doctor (médico) y filósofo inglés, ahora olvidado, miró una sola parte de nuestro cuerpo, nuestra mano, y se dispuso a describir todos sus gestos y su significado. Su nombre era John Bulwer y el libro tenía un título extraño, *Chirología, o el lenguaje natural de la mano*, o en inglés *Chrinologia, or the Naturall Language of the Hand* ("naturall" con una doble L; esa era la "ortografía elegante" de la época).

En ciencia, a menudo comenzamos con una larga lista de correspondencias y patrones. Entonces, Carl Linnaeus es un padre fundador de la biología, porque pasó años categorizando plantas y animales (inventó el doble nombre latino que todavía usamos hoy en día).

En el título del libro de Bulwer, sin embargo, hay más que una lista que confirma que un cierto gesto corresponde a un cierto significado, lo que prueba la afirmación de Bacon... Existe la idea de que todos los gestos con las manos son naturales ...

Esto es importante por diferentes motivos:

1. Establece que los gestos con las manos no son un producto social y cultural, sino que son totalmente espontáneos.
2. Establece que los gestos con las manos siempre tienen el mismo significado.

Ambas afirmaciones, que descubriremos más adelante, no son completamente correctas. Ahora sabemos que *algunos gestos son productos culturales* (¡y los italianos lo prueban todo el tiempo!). Pero en ese momento, la ciencia estaba en las garras de un debate de un siglo (milenios): *la naturaleza vs la crianza*. Este debate continúa hoy en día (¿la inteligencia es genética o cultural, o qué tal el "gen del cáncer"? ¿O es solo la contaminación y el medio ambiente lo que la causa?).

Hoy en día la ciencia tiende a tomar una posición intermedia en este debate: hay algunos factores naturales (genéticos, etc.) así como factores ambientales (cultura, contaminación, etc.).

Este debate es tan fundamental para la ciencia y existe desde hace tanto que todavía tenemos dos escuelas... Y a lo largo del tiempo, incluso grandes figuras de la ciencia participaron en el debate, y uno en particular, Charles Darwin, usó el lenguaje corporal incluso como evidencia de su famosa Teoría de la Evolución.

Era el año 1872, 13 años después de que Darwin publicara su controvertido *El origen de las especies* (título completo en inglés *On the Origin of Species by Means of Natural Selection, or Preservation of Favoured Races in the Struggle for Life...* ¡El título de un libro no entraba en un tweet en ese entonces!) De todos modos... Debes haber visto esas pinturas de caras de chimpancés que expresan emociones como seres humanos. ¡Esta imagen se hizo famosa e incluso fue un escándalo mundial!

¿Por qué? En pocas palabras, Darwin escribió un libro, *La expresión de las emociones en el hombre y en los animales (The Expression of Emotions in Man and Animals)*, donde utilizó expresiones faciales para mostrar las similitudes entre humanos y animales. Cuanto más cerca estábamos de su árbol evolutivo, más similares eran las expresiones faciales. Y esto se utilizó como evidencia de su famosa teoría.

Como nota, este es el libro que nos hace creer que Darwin dijo que "los humanos provienen de los simios", mientras que en realidad nunca dijo eso, y se negó a decirlo toda su vida. Entonces, el análisis del lenguaje corporal finalmente se convirtió en el centro de atención de la ciencia, con un libro que sacudió al mundo académico de la misma manera que "Like a Virgin" sacudió la cultura popular en los años 80.

¿Ves que Darwin tomó la posición de Bulwer? Siguió su ejemplo y dijo que "debido a que los seres humanos y los animales relacionados naturalmente se expresan con expresiones faciales similares", debe significar que "las expresiones faciales se producen de forma natural y no cultural". Esto es lo que dijo para nosotros, para los psicólogos y para quienes estudian el lenguaje corporal.

En realidad, dijo lo contrario para la biología: "porque las expresiones faciales se producen de forma natural", entonces el hecho de que sean similares entre los humanos y otras especies significa que "los humanos y otras especies están estrechamente relacionados". Desde el punto de vista de la filosofía de la ciencia, este es un argumento circular. Se prueba una teoría con otra teoría no probada.

De hecho, hoy en día sabemos que no todos los gestos son congénitos o de origen natural. En Bulgaria, asienten hacia los lados para decir "sí" y hacia arriba y hacia abajo para decir "no"... El resto del mundo hace lo contrario... No hay nada en el ADN que haga que esto sea así, por lo tanto, debe ser un gesto cultural.

Pero la ciencia no está fija en el tiempo, y las cosas mejoraron desde el punto de vista del lenguaje corporal... Mientras Darwin hablaba de simios y humanos, apareció otra figura destacada en la historia de la ciencia, la filosofía y sobre todo la psicología: el Dr. Sigmund Freud. Su impacto en la psicología y el psicoanálisis es colosal, pero también nos dio un concepto que necesitábamos urgentemente para comprender el lenguaje corporal:

"La mente es como un iceberg; flota con aproximadamente una séptima parte de su volumen sobre el agua."

— (SIGMUND FREUD, *EL INCONSCIENTE,*

1915)

Bonita metáfora, pero ¿qué significa para nosotros? Significa que la fuente principal de nuestro comportamiento no es nuestra voluntad y mente conscientes, ¡sino nuestro inconsciente! Esto es enorme en términos de lenguaje corporal.

Freud nos permite alejarnos del debate bastante académico de naturaleza versus crianza hacia nuevas fronteras cuando se trata del análisis del lenguaje corporal. Verás, ahora que sabemos que la mayoría de nuestros gestos, expresiones faciales, etc. no son "intencionados", no están "planificados" y ni siquiera son conscientes, podemos usar estos gestos y expresiones para mirar detrás de la fachada que la gente pone al hablar.

Podemos analizar el lenguaje corporal para mirar más allá de lo que la gente quiere que creamos y "leer" lo que realmente quiere decir. El análisis del lenguaje corporal se convierte entonces en la principal herramienta que la gente tiene para entender lo que la gente realmente siente, piensa, quiere, etc. Básicamente, ahora podemos distinguir una sonrisa falsa de una sonrisa real, al nivel más simple...

¡La suerte vuelve a golpear y está lleno de estrellas! Cuando Hollywood estaba encantando a millones con sus películas populares, los actores y actrices tuvieron que aprender a hablar, ¡pero sin audio! De hecho, las primeras películas fueron mudas y los actores tuvieron que mejorar sus expresiones faciales y lenguaje corporal para comunicarse con su audiencia.

Tomaron prestado en gran medida la larga tradición del teatro, y se puede ver que las expresiones faciales y los movimientos de las primeras estrellas de cine son algo exagerados y estilizados... Pero les dio a los profesores de teatro una gran oportunidad de estudiar expresiones faciales reales y gestos naturales, un banco de datos del comportamiento humano que todavía forma la base de los estudios modernos.

Eran los primeros años del siglo XX, pero luego llegaron dos guerras horribles y la ciencia estaba ocupada con el "esfuerzo de la guerra". Pero cuando la Segunda Guerra Mundial llegó a su fin, el mundo se encontró con una nueva cara asombrosa...

Era la década de 1950, esa década que podemos describir con esos anuncios pastel de lavadoras y aspiradoras... Y esos anuncios están llenos de análisis del lenguaje corporal... El ama de casa que "sonríe a la cámara", el marido que vuelve del trabajo y levanta a sus hijos para darles un abrazo, ¡sonriendo irrealmente, por supuesto!

Y mientras las empresas contrataban a profesionales que nos decían con gestos y expresiones faciales por qué estaríamos más contentos con una lavadora en lugar de con la nueva mezcla para pasteles, un antropólogo estadounidense llamado Ray Birdwhitshell estaba financiando la *kinésica*, la ciencia de leer "expresiones faciales, gestos, posturas y caminata, y lenguaje corporal y de brazos visibles".

Básicamente, él es el padre del análisis del lenguaje corporal. A estas alturas, teníamos todo lo que necesitábamos para un campo científico en toda regla:

- Una *teoría sólida* sobre la que construir el campo.
- Una *gran cantidad* de datos para estudiar.

Lo que realmente importa a partir de ahora es el creciente conjunto de evidencias recopiladas y la precisión del análisis que los profesionales de todo el mundo han estado aprendiendo y mostrando.

El lenguaje corporal se puede utilizar tanto en los tribunales como en el psicoanálisis. Se ha convertido en una forma confiable de entender lo que sucede "detrás de escena" cuando los políticos u otras personas famosas están bajo escrutinio...

Mientras tanto, sin embargo, la larga discusión entre naturaleza y crianza ha continuado. Entonces, el zoólogo Desmond Morris publicó *El mono desnudo (The Naked Ape)* en 1967, donde afirmó que los humanos recurren al comportamiento animal cuando están bajo presión. Observó el comportamiento de la gente en las ciudades para hacerlo. Esto, por supuesto, quería probar el hecho de que el lenguaje corporal es completamente natural.

Desafortunadamente, "animalista" es una definición muy personal, en sí misma cultural... Pero esos eran tiempos en los que la ciencia se inclinaba hacia la teoría de "todo está motivado genéticamente", e incluso nuestro campo sintió ese cambio.

Y fue en la década de 1970 cuando los psicólogos estadounidenses Paul Ekman y Wallace Friesen produjeron un cuerpo de trabajo largo, articulado y consistente que resultó en el *FACS (Facial Action Coding System)* o *Sistema de Codificación de Acción Facial*. Esto es muy importante porque nos brinda una especie de "diccionario de expresiones faciales", que incluye formas claras de detectar el engaño. Puedes comprender lo útil que ha sido esto para los investigadores de todo el mundo.

Pero también es importante que observaran los patrones transculturales y las similitudes de estas expresiones. Las mismas no son iguales en todas las personas de todo el mundo. Y las similitudes son más fuertes donde las identidades culturales son más similares. Entonces, salieron con una síntesis del debate naturaleza versus crianza. Según ellos, hay signos universales (un código universal no verbal) pero también códigos culturales que lo "enmascaran", lo tapan o lo cambian.

Entonces, llegando al presente, ¿dónde estamos ahora? Estamos en un muy buen lugar en cuanto al análisis del lenguaje corporal... *Tenemos una gran cantidad de datos para analizar toda la comunicación no verbal*, desde las expresiones faciales hasta la proxémica y mucho más.

También sabemos que los métodos analíticos que utilizamos funcionan. Estamos seguros porque ha sido probado una y otra vez durante décadas y los resultados son confiables.

¿Y qué ha pasado con el tema naturaleza vs crianza en la historia de los estudios del lenguaje corporal? Digamos que los académicos se están llevando "bastante bien". Todavía discuten, y esa parece ser su naturaleza (un juego de palabras, de nuevo...) pero discuten menos.

Básicamente, hay dos modelos que los académicos utilizan para describir las diferentes teorías:

- *El modelo de equivalencia cultural*, que cree que la *principal causa del lenguaje corporal es natural...*
- *El modelo de ventaja cultural*, que establece que las personas culturalmente similares comprenden mejor el

lenguaje no verbal de los demás. Entonces, *la cultura es clave para el lenguaje corporal.*

En 2008, Jessica Tracy y Richard Robins publicaron un interesante estudio titulado "The Nonverbal Expression of Pride: Evidence for cross cultural recognition" (La expresión no verbal del orgullo: evidencia del reconocimiento intercultural) (*Journal of Personality and Psychology*). En él, alegan que el orgullo y la vergüenza tienen el mismo lenguaje corporal general en todo el mundo. Esto es importante porque es posible que estemos comenzando a encontrar arquetipos del lenguaje corporal, y en la ciencia y especialmente en la psicología, descubrir un conjunto de arquetipos es un gran paso lleno de oportunidades para desarrollos futuros.

¡TEN CUIDADO!

Ahora sabes que el análisis del lenguaje corporal es una ciencia seria, con una larga historia y algunos contribuyentes muy, muy famosos como Freud y Darwin. Sin embargo, como las matemáticas o la física, o la psicología misma, ¡es un arma de doble filo! Entonces... ¡Ten cuidado!

Ten cuidado porque *cuando tienes una herramienta poderosa a tu disposición, como el análisis del lenguaje corporal, tienes responsabilidades.*

Es como cuando eres un periodista, un político o un agente de servicios sociales... Tienes el poder de cambiar la vida de las personas. Bueno, yo diría que más que el "poder desnudo" (qué concepto tan repugnante) deberíamos mirarlo así: *tienes la responsabilidad de usarlo con el respeto de los demás, si no es por su propio bien.*

¡Imagínate un médico que utiliza sus conocimientos para herir a sus pacientes! Puede ocurrir, por supuesto, pero literalmente hacen un juramento de no hacerlo. Los psicólogos también tienen un código profesional. Establece que *nunca utilizarás tus conocimientos o habilidades para dañar a nadie.* Y vas a aprender algunos de estos conocimientos y habilidades... Así que, úsalos sabiamente pero sobre todo de manera responsable.

Ten cuidado porque *puedes cometer errores.* Y no me refiero solo a las primeras etapas. Incluso los grandes expertos en sus campos cometen errores. Napoleón perdió en Waterloo y, sin embargo, fue el mayor general del planeta Tierra. Einstein cometió errores famosos como científico. Pero Einstein era un hombre honesto y los admitió.

Pero cuando tu error ya ha tenido algunas consecuencias, admitirlo es inútil. Imagina que malinterpretas el lenguaje corporal de un amigo y abandonas esa amistad. Años después descubres que estabas equivocado. Bien, puedes admitirlo tanto como quieras, ¡pero eso no te devolverá a tu amigo! Podrías intentar reconciliarte, y eso requeriría hablar un poco e intentar convencer. Pero, ¿cuáles son las posibilidades de que ustedes dos tengan una amistad tan buena como antes? E incluso entonces, los años perdidos se perderían para siempre, no se puede volver atrás en el tiempo. ¿Qué tal si tu amigo fallece antes de que se reconcilien?

Ten cuidado, *porque se trata de la vida de las personas, incluida la tuya propia.*

Juguemos a un "juego especular". Esto es bastante común en psicología. Te mostraré. Imagina que tu jefe realmente no te ha favorecido en el trabajo porque no entiende tu personalidad. En realidad, esto es muy común, y si no te está sucediendo ahora, puede haber sucedido en el pasado y es muy probable que suceda en el futuro...

Es muy probable que hayas perdido o que pierdas en un futuro oportunidades debido a este error de "lectura de personalidad". Y eso significa renunciar a esas vacaciones de tus sueños... No es poca cosa... O ver a otros dar pasos en su carrera mientras tú te quedas atrás... La frustración sigue... A largo plazo, esta es una de las principales causas de depresión...

Ahora, demos vuelta el espejo... Tú eres ese jefe. Y todos somos "jefes" en algunas áreas de nuestras vidas. Yo soy el jefe en la cocina de casa, por ejemplo. ¿Te das cuenta del impacto que podría tener en la vida de otras personas, incluso en las personas cercanas a ti? ¿Tu familia, tus amigos?

Ten cuidado, *porque analizar el lenguaje corporal no es algo que deba subírsete a la cabeza.* Siempre debes mantener un enfoque humilde y modesto de tu conocimiento. Saber más que otras personas no te hace mejor que ellas ni te otorga ningún derecho sobre ellas.

Ten cuidado, *porque siempre hay más que puedes aprender.* Llegarás a un nivel excelente con este libro, lo prometí y sucederá. Pero recuerda que hay personas que tienen más experiencia que tú, incluso que yo, en realidad. Es un poco como con todo, con la historia... Sabes mucho, pero alguien sabrá más que tú... Entonces, en caso de que tengas dudas, consulta a personas más experimentadas al respecto.

Los psicólogos, psicoterapeutas, psicoanalistas, etc. suelen ser muy buenos para leer el lenguaje corporal. No tengas miedo de preguntarle a un amigo que tenga una de esas profesiones si no estás seguro acerca de un análisis. Por supuesto, también hay otras personas que pueden ayudarte. Y esto me lleva al siguiente punto.

Ten cuidado, *un análisis apresurado nunca es un buen análisis. Deja siempre abierta la puerta de la duda.* Un análisis puede ser bueno, convincente, incluso tremendamente convincente, pero siempre existe la posibilidad de que te hayas perdido algo. Un buen profesional siempre mantiene abierta la opción de "Me equivoqué". No de la otra manera. Las personas que están seguras de todo lo que hacen no son profesionales, son matones y muy probablemente con problemas personales...

Ten cuidado, *porque hay diferencias culturales.* De nuestra breve historia del análisis del lenguaje corporal, tú sabes que la idea de que todos tenemos el mismo lenguaje corporal en todo el mundo ha sido abandonada. En los países árabes, por ejemplo, no se señala con las manos; eso es grosero. Imagínate a uno de ellos leyendo nuestro lenguaje corporal y sin tener en cuenta el "lenguaje" cultural...

Ten cuidado, *porque no puedes ver todo.* Verás principalmente a las personas desde un punto de vista, en un momento determinado y en un lugar. A veces, hay partes del cuerpo que no puedes ver y tu análisis puede cambiar si las vieras.

Sin embargo, el momento también importa. ¿Quizás alguien parece inquieto y nervioso y lo interpretas como deshonestidad? Una conjetura razonable por lo que sabes. Pero, ¿qué tal si te dijera que esta persona está esperando un resultado importante de una prueba de salud? ¿O una llamada telefónica de su pareja después de una pelea fuerte? ¿O que simplemente está a punto de perder el autobús a casa y tú lo estás reteniendo?

Veremos cómo *el contexto es parte integral del análisis*. Pero ten en cuenta que nunca conocerás "todo el contexto", eso es humanamente imposible, así que piensa en consecuencia.

¿Qué significa en la práctica? *¿Significa que debes evitar analizar el lenguaje corporal?*

Yo no lo creo. Necesitas entrenar; necesitas aprender. Sin embargo, significa que:

- *No debes actuar sobre tu análisis a menos que sea necesario y estés seguro de ello.* Si sospechas que alguien está a punto de burlarse de ti y deseas cortar la conversación, ¡hazlo! Pero antes de quitarle una oportunidad a alguien (un trabajo, por ejemplo) sobre la base de tu análisis, piénsalo dos veces.
- *Debes tener especial cuidado cuando se trata de emociones y de la vida de otras personas.* Si tu análisis simplemente te dice que no compres ese teléfono en particular porque el comerciante no fue honesto, tienes toda mi simpatía. Si deseas cambiar una relación según tu análisis, debo pedirte precaución.

- *Distingue entre analizar el lenguaje corporal y actuar sobre él.* La belleza de la escuela es que puedes aprender sobre el mundo sin las consecuencias... Aprendes sobre una guerra sin actuar en consecuencia... Lo mismo debería ser con aprender sobre el lenguaje corporal, aprender a leerlo, practicarlo, etc. Pero no actúes sobre ello, especialmente cuando se trata de relaciones. Hazlo sólo cuando estés casi 100% seguro.

En una nota triste, hablando de la escuela... la única área en la que no estamos protegidos por la simulación (aprendemos sobre la historia sin realmente iniciar una, sobre la gravedad sin estrellar un avión, etc.) es en las relaciones sociales... Aprendemos sobre los amigos y el amor viviendo relaciones reales... ¡No hay simulación allí!

Pero este último punto queda como pensamiento final... Desde el punto de vista de un psicólogo, saber acerca de la mente humana, la sociedad, cómo analizar a las personas, etc. es hermoso... Pero *nada se compara con la belleza y lo sagrado en sí mismo de los sentimientos y pensamientos humanos, la experiencia y por supuesto las relaciones.*

Sé profesional y pon estos valores en primer lugar.

2

LA CIENCIA DETRÁS DEL LENGUAJE CORPORAL

¿Quién estudia el lenguaje corporal? Quiero decir, ¿a qué campo pertenece? A estas alturas, debes saber que el análisis del lenguaje corporal no es una "práctica aleatoria" sin valor científico. Como dijimos, incluso lo utilizan investigadores, agentes de inteligencia, etc. Básicamente, *hay una ciencia sólida detrás del análisis del lenguaje corporal.*

En el capítulo anterior analizamos brevemente la historia de esta ciencia. Pero puede que estés un poco confundido porque hay psicólogos, biólogos (¡en realidad Darwin era un teólogo!), antropólogos, etc. Entonces, ¿dónde recae el análisis del lenguaje corporal?

Como la mayoría de los desarrollos científicos, *se basa en muchos campos y disciplinas, pero en su conjunto, recae relativamente dentro de la psicología.*

Los principales campos con los que se relaciona son:

- Psicología
- Sociología
- Antropología
- Lingüística
- Semiótica
- Biología
- Neurología

Pero no debemos olvidar los aportes de las artes, como el teatro, la pintura, el cine... Y sí, la psicología a menudo ha utilizado las artes en sus estudios, basta pensar en cómo Freud utiliza la literatura en *La interpretación de los sueños...* Pero no solo la psicología. El vínculo entre las artes y la ciencia es más profundo de lo que pensamos, y estoy pensando en física y matemáticas en particular...

Pero estoy divagando... Veamos cuáles son los fundamentos científicos clave del análisis del lenguaje corporal, uno por uno. Esto puede sonar un poco teórico. Te prometo que empezaremos a "ensuciarnos las manos" con análisis prácticos. Pero lo necesitarás. Lo necesitarás para desarrollar tus habilidades, pero también para estudiar más si lo deseas.

Para empezar, existe una *correspondencia regular y constante entre algunos signos no verbales y su significado,* por ejemplo:

- *Sonreír* – felicidad
- *Encorvarse* – inseguridad o malestar físico

- *Contacto visual* – confianza e interés
- *Falta de contacto visual* – desconfianza o desinterés
- *Mirar hacia arriba* – pensar, hacer una pausa para pensar
- *Mirar hacia abajo* – evitar la confrontación y el conflicto (algunos pueden leerlo como sumisión, y puede serlo a veces; pero el significado central real es "No quiero pelear").
- *Movimiento ocular lateral* – a menudo significa que "quieres salir" de esa conversación o situación.
- *El tamaño de la pupila nos puede decir muchas cosas sobre los sentimientos internos y los estados mentales* - una pupila grande significa que te gusta lo que estás viendo o experimentando, si se achica, significa lo contrario. Las pupilas dilatadas suelen ser también un signo de consumo de drogas (tanto legales como ilegales).
- *Dar un paso atrás* – tomar distancia emocional; esto puede significar desaprobación o simplemente la necesidad de tener "tu espacio".

La lista continúa... Por ejemplo, hay toda una rama que se ocupa de los *apretones de manos*... Hablando de eso, los apretones de manos pueden ser una de las cosas más importantes en las entrevistas. Ya que estamos en el tema... Firme pero no fuerte, apretado pero formal, no cálido en el sentido de "estoy con la familia", como lo hace el Papa ¡y por supuesto sin doble mano! La mano doble en los apretones de manos muestra familiaridad, calidez y protección.

En resumen, *el análisis del lenguaje corporal es parte de la psicología, pero está vinculado con otras ciencias y tiene sus propias ramas y campos.* ¡Algunos tan especializados como apretones de manos, gestos con las manos o movimientos oculares!

Veremos todas estas ramas a medida que avancemos, pero por ahora veamos dos con nombres que suenan extraños: *háptica y proxémica.*

HÁPTICA

Apuesto a que pocas personas han escuchado esta palabra en el contexto correcto, y significa *"la rama del lenguaje corporal que estudia cómo la gente toca y qué significa".* Por supuesto, el tacto es una parte muy importante del lenguaje corporal.

La háptica en particular tiene *fuertes influencias culturales.* ¡Mira la diferencia entre un japonés que ni siquiera se da la mano y un francés que besa a sus amigos (de cualquier sexo) cada vez que se encuentran! A los británicos no les gusta tocarse unos a otros, mientras que los italianos lo hacen todo el tiempo... Así que mi consejo es que estés muy atento al peso cultural que lleva la gente cuando analizas la háptica.

Luego están las personas que son "sentimentales", a las que les gusta tocar y que las toquen, y otras a las que no. Este es un asunto psicológico y personal muy complejo. Puede depender de muchas cosas, incluidas las experiencias pasadas, la educación, la confianza en tu propio cuerpo, etc.

Un momento de reflexión: ¿ves ahora que necesitas antropología, sociología y psicología (factores culturales, sociales y personales) para analizar correctamente la háptica?

Y aquí hay una división clave:

- *Tocarte a ti mismo*
- *Tocar a los demás*

Cuando hablamos o nos comunicamos, *a menudo nos tocamos. La mayoría de las veces lo hacemos de forma involuntaria.* A continuación, se muestran algunos gestos típicos, por ejemplo:

- Rascarte la cabeza
- Tocarte la nariz
- Frotarte las manos
- Tocarte el pecho
- Rascarte la pierna

Existe un error generalizado, y es que cada vez que te tocas al hablar muestras malestar o incluso engaño. ¡No, eso está mal! Puedes rascarte la pierna porque en realidad te pica. De lo contrario, por ejemplo, es mucho más probable que signifique incertidumbre que engaño.

Frotar las manos ha sido tomado por las películas, el drama y la cultura popular para describir el comportamiento de los comerciantes deshonestos que están a punto de engañarte... ¡Pero eso no es ciencia! ¡Eso es fantasía! *Frotarte las manos es un signo de emoción.* Por lo general, significa anticipación, pero a veces también "¡Oh, bien!" el descubrimiento de una buena noticia.

El significado de *tocarte la nariz* también se ha convertido en parte de la cultura popular. Pregunta y te dirán que significa "¡Te estoy diciendo una mentira"! ¡Esa es una de esas tontas simplificaciones que no ayudan a la reputación de esta ciencia!

En primer lugar, *nunca leas un signo de nariz por sí solo. Con la nariz, siempre necesitas otros signos para interpretar.*

En segundo lugar, tocarte la nariz suele ser una *señal de que no confías en lo que escuchas.* Exactamente lo contrario.

Por último, recuerda que la nariz es una parte muy sensible de nuestro cuerpo y muy a menudo la tocamos o rascamos solo porque nos pica un poco o está seca... ¡No confundas un resfriado con una mentira!

Hasta ahora, podemos ver que existe una gran diferencia entre la ciencia real del análisis del lenguaje corporal y las creencias populares al respecto...

Un uso muy interesante de los expertos en lenguaje corporal háptico de todo el mundo proviene de la Reina Isabel II. Es parte de su postura, pero ¿has notado cómo sostiene sus propias manos frente a su regazo? Eso se ha señalado como una señal impresionante...

De hecho, la aísla en su posición de superioridad sobre los demás. Tomarse de la mano muestra igualdad, pero ella no puede ser vista como "igual", por lo que solo toma sus propias manos. Luego le da (muestra) sus nudillos a la audiencia. Eso significa "mantente alejado". Y finalmente resuelve un problema para personas muy poderosas: ¿qué hacer con las manos? Con demasiada frecuencia estas revelan tus inseguridades, miedos, pensamientos subconscientes... De esta manera, nadie puede "leer la mente de la Reina a través de sus manos".

De hecho, se lo considera uno de los signos de autoridad más impresionantes.

Compara eso con George W. Bush, quien a menudo se metía las manos en los bolsillos y estiraba los codos. Eso escondía sus manos, y parecía un pavo real tratando de parecer más grande de lo que realmente era... Una demostración de poder, seguro, pero que para el ojo experto mostraba un enorme abismo de inseguridad.

La forma en que nos tocamos revela grandes señales sobre nosotros. Y podemos desarrollar nuestras propias formas de tocarnos a nosotros mismos, de parecer más confiados, tranquilos, seguros de nosotros mismos, positivos, etc. Pero aprende del error de Bush Jr.; ¡puede ser contraproducente!

Hablemos ahora de *tocar a los demás*. Esto está muy influenciado por la cultura y la personalidad, como dijimos. Pero aparte de esto, *la forma en la que tocamos a los demás depende en gran medida de lo a gusto que estemos con ellos.*

Por ejemplo, los analistas del lenguaje corporal notaron que muy a menudo, al comienzo de una relación romántica entre personas que no han sido amigas antes, hay *contacto indirecto*. ¿A qué nos referimos con eso? Nos referimos a que las personas tocan los objetos, la ropa, los accesorios, etc. de los demás, en lugar de tocar sus cuerpos.

Es más, a menudo la pareja masculina en una pareja heterosexual quien se mueve primero y toca un objeto que pertenece a la mujer. El primer toque real puede marcar la diferencia... Si es la mano, da una idea de respeto, igualdad, amistad, etc. Eso sería ideal. Y para las personas que están tan inclinadas personalmente, debería ser algo natural.

Si el primer toque es en la pierna, habrá señales sexuales muy fuertes y puede mostrar que la persona está interesada principalmente o solo sexualmente. Los hombros también son comunes como "primer lugar para tocar", ya que tocarlos puede dar una sensación de protección.

Hay tantas variables a considerar cuando estudiamos la háptica al tocar a otras personas.

- Quién toca a quién (primero)
- Cómo responde el otro
- Cuánto dura el contacto
- Qué parte del cuerpo toca qué
- Qué tan grande es la superficie de contacto
- Cuándo y por qué sucede esto
- Factores culturales y sociales

El caso es que *tocar a las personas es siempre una cuestión de negociación social, emocional e interpersonal.* Todos lo sabemos por experiencia. Solo piensa en el acto de contacto corporal más hermoso, pero a menudo difícil: ¡un abrazo!

Abrazar es un signo de empatía y cuidado básicamente como ningún otro. Deben ser muy íntimos y estar a gusto el uno con el otro para darse "un buen abrazo". Por supuesto, hay sociedades donde abrazar es común, otras donde es raro. En algunos países, los amigos se abrazan, en otros, especialmente los amigos varones, no (las amigas pueden hacerlo con más frecuencia, como se ve en muchos contextos sociales y culturales en Estados Unidos o Reino Unido).

El recuento "Mississippi" para abrazos puede no ser correcto, pero da una idea de *cuánto invertimos en un abrazo*. Y no hablo de dinero, sino de confianza, de intimidad, incluso de "rostro" (autoconfianza).

Entonces, la háptica nos ayuda a comprender dos cosas principalmente:

1. Cómo se sienten las personas sobre sí mismas
2. Cómo se sienten las personas entre sí

¡Y esta es solo una de las muchas ramas que veremos en este libro! Pero veamos otra ahora...

PROXÉMICA

La proximidad es muy importante para leer el lenguaje corporal. Y "proxémica" significa el *"estudio de dónde están las personas y cómo se mueven entre sí"*. Esto incluye:

- La distancia entre personas
- La posición en relación con los demás (izquierda, derecha, atrás, adelante, etc.)
- Los niveles en los que se encuentran las personas (más alto, más bajo, igual)
- La dirección en la que las personas miran y giran (una hacia la otra, en dirección opuesta)

Imagínate dos personas espalda con espalda con los brazos cruzados... ¿Cómo lo interpretarías? ¿Que han tenido un gran desacuerdo o una pelea y no quieren hablar entre ellos, acaso? Es muy probable que tengas razón.

Imagina a dos personas enfrentadas. Ahora imagina si se inclinan hacia adelante, el uno hacia el otro. ¿No es eso un signo de "acuerdo", de interés mutuo, etc.? ¿Y qué tal si se reclinan? Eso puede mostrar "distancia", "desacuerdo"...

Es por eso que sentarse con los brazos cruzados en una entrevista de trabajo significa perder el control. Muestra que te alejas del panel, pero también que estás cerca de ellos (brazos cruzados) y si también cruzas las piernas, simplemente demuestras que tienes demasiada confianza y "los miras con desprecio". Y ellos se "mantendrán en contacto"... ¡sí, confía!

Pero la proxémica también estudia *cómo reaccionamos a las posiciones y movimientos de los demás.* Los actores pasan un tiempo prolongado educándose para reaccionar ante otros actores; de hecho, es una parte fundamental del aprendizaje de la actuación. Pero en un escenario, también exagerarás y, a veces, ritualizarás estos gestos de acción-reacción.

De hecho, en realidad, *tendemos a "restar importancia a nuestras reacciones" en la vida real.* Esto se vuelve más cierto en situaciones formales. Si estás en el pub o bar con amigos, es mucho más probable que tus gestos y movimientos sean mucho más grandes, mucho más "grandiosos" y mucho más dramáticos que durante una reunión con tu jefe. Por lo menos así lo espero...

"¿Qué es más difícil", puedes preguntar, "leer la proxémica en situaciones formales o informales?" La respuesta honesta es que, en situaciones formales, los signos proxémicos (y otros signos verbales) son más pequeños, "reducidos", si puedo usar esta palabra. Por otro lado, suceden menos cosas; no hay mucho "ruido de fondo" para captar las señales.

Lo contrario es cierto y depende de cuán formales o informales sean las situaciones. Desde una simple reunión informal entre conocidos y una despedida de soltero, por un lado, y desde una simple reunión de oficina bastante informal hasta ser nombrado caballero por la Reina de Inglaterra por el otro...

El hecho es que cuanto más informal es la situación, más personas se sienten desinhibidas y libres para moverse y gesticular, etc. Pero si los gestos y las expresiones faciales se vuelven más claros, definidos y "más grandes", también lo hace el "ruido de fondo" causado por otras personas moviéndose, hablando en voz alta, gesticulando, etc....

Ambas situaciones tienen sus dificultades. *En situaciones formales, tendrás que concentrarte en los detalles. En situaciones informales, tendrás que excluir todo lo que perturbe tu enfoque.*

Dicho esto, veamos algunos *principios básicos de acción-reacción proxémica.* Tomemos 3 ejemplos para ilustrarlos.

1. John y Sheila están sentados uno frente al otro. John se inclina con el pecho hacia Sheila y ella *lo imita*; ella también se inclina con el pecho hacia él.
2. John y Sheila están sentados uno frente al otro. John se

inclina con el pecho hacia Sheila y ella se inclina hacia atrás con el pecho, todavía frente a él.

3. John y Sheila están sentados uno frente al otro. John se inclina con el pecho hacia Sheila y ella se aleja de él, de modo que ya no lo mira.

Estas son situaciones sencillas de la vida cotidiana que debes haber presenciado muchas veces en tu vida... Pero ahora te pido que las mires desde la perspectiva de un analista del lenguaje corporal...

En el caso (a), tenemos la acción conocida como *espejo*. Esto siempre expresa *acuerdo, empatía, compromiso, aprecio e incluso, en algunos casos, atracción física o amor.* En este caso, sea lo que sea lo que esté pasando entre John y Sheila, sabemos que están "en la misma página".

Los charlatanes y timadores suelen utilizar *la imitación* o *el espejo* para ganar tu confianza, así que ahora lo sabes...

En el caso (b), Sheila no refleja lo que hace John. En cambio, *lo neutraliza.* Básicamente, ella no le permite acortar su distancia. Mantiene la misma distancia retrocediendo. Este es un signo de *timidez, discordia, desacuerdo, desconfianza o simple inseguridad e incertidumbre.*

Finalmente, en el caso (c), Sheila *se separa.* Básicamente, "sale de la dinámica física con John". Literalmente "sale" de su relación proxémica... Un poco como dejar una reunión a la mitad, o una fiesta si lo prefieres... En este caso, *Sheila se está sustrayendo de la autoridad de John.* No muestra simplemente desacuerdo: *se rebela, reclama su libertad.*

Como rara vez hay un cambio repentino entre "amor" y "odio" o "amigos" y "enemigos" en la vida real, rara vez hay un cambio repentino entre imitar o separarse en la conducta proxémica. Cuando sucede, todo parece tan visible y dramático. Como en esas viejas películas de Hollywood cuando una vieja tía autoritaria de repente le daba la espalda al pretendiente de su sobrina y se marchaba con un gran gesto...

Sucede, pero es raro. Las personas generalmente pasan de imitar a imitar menos, luego a neutralizar suavemente, luego más, luego intensamente, y solo si eso falla, la gente comienza a separarse. E incluso aquí, primero parcialmente y solo luego completamente.

Observa cuando la gente se encuentra en la calle y uno quiere irse... Primero verás movimientos retrocediendo, reclamando distancia. Luego un pequeño paso hacia un lado. Luego uno más grande, luego el tronco gira. En realidad, esto es reflejado por la otra persona la mayoría de las veces. De lo contrario, la cosa se vuelve vergonzosa ya que uno sostiene al otro por detrás, siendo "insistente" o "pegajoso"...

En muchos casos, otros entienden inconscientemente el uso de la proxémica para señalar estas cosas y todo el proceso se vuelve consensual... Casi parece un ritual de despedida que todos entendemos... Pero en realidad lo hacemos sin siquiera ser conscientes de ello ...

Por lo tanto, ten en cuenta que hay tres principios clave de acción-reacción y, de hecho, una vez más, obsérvalos en las personas con las que te encuentras todos los días. En la oficina, es posible que descubras cosas que se te habían escapado durante meses... Quizás hay "sentimientos" entre dos colegas (o los "sentimientos" se han ido) o tu jefe (o maestro) favorece a alguien (la imitación lo deja al descubierto muy a menudo).

Y ahora podemos pasar a un capítulo práctico... Quiero mostrarte algunas de las reglas clave e incluso los "trucos del oficio" del análisis del lenguaje corporal. ¡Y lo vamos a hacer ahora mismo!

3

LOS FUNDAMENTOS DEL ANÁLISIS DEL LENGUAJE CORPORAL

Fruncir el ceño, suspirar, mirarse a los ojos, rascarse, encorvarse... La lista de palabras que tenemos para el lenguaje corporal es enorme... ¿Por qué? En pocas palabras, hay muchas expresiones en el lenguaje corporal. Pero, ¿podemos intentar darle algún sentido a este enorme sistema de lenguaje que ignoramos con tanta frecuencia? Sí podemos. Y esto es exactamente lo que vamos a hacer.

Comencemos con un pequeño experimento... Piensa en tu maestro favorito en la escuela. Imagínatelo frente a ti, junto a la pizarra interactiva (¡o la pizarra común si eres de mi generación!) ¿Listo? Ten en cuenta la imagen. Ahora, todos teníamos profesores a los que no podíamos soportar ver (escuchar, etc.). Elige a tu maestro menos favorito.

¿Hecho? Genial... Ahora, dibuja los contornos de las dos imágenes que tienes en mente. Simplemente finge que tienes un gran marcador y dibuja sus siluetas. Si tu maestro menos favorito salió como una de esas figuras de tiza que los policías dibujan en la calle en las películas, ¡realmente no te agradaba! Bromas aparte, superponlas...

Apuesto a que tenían diferentes posturas... ¿Estoy en lo cierto? Por supuesto, porque los estudios demuestran que lo que más recuerdan los estudiantes de sus maestros de escuela son sus "payasadas", como su postura extraña, lenguaje corporal original, expresiones faciales, hábitos extraños de tono de voz. No las palabras reales, no las lecciones reales...

Pero si comparas las dos posturas de los dos profesores, una te dará una impresión positiva y la otra una negativa. Verás, ya "leíste" su lenguaje corporal. Y guardaste todo este conocimiento en tu subconsciente hasta ahora. Y con un simple análisis, ahora tienes una comprensión racional de su lenguaje corporal (o parte de él).

Este ejercicio nos dice mucho sobre el lenguaje corporal. Por ejemplo:

- Lo reconocemos incluso si no somos conscientes de ello.
- Reaccionamos incluso si no sabemos que estamos reaccionando.
- Influye en nuestra opinión sobre las personas.
- Lo recordamos durante mucho tiempo. ¡Más tiempo de lo que recordamos las palabras, de hecho!
- Las personas emiten signos de lenguaje corporal todo el tiempo.
- Algunos signos son positivos y otros son negativos.

Leer el lenguaje corporal es como abrir un libro lleno de secretos. Ese libro ha estado en el estante durante años y no lo hemos tomado... Es hora de que lo hagamos ahora...

LENGUAJE CORPORAL POSITIVO Y NEGATIVO

Empecemos por una distinción básica. *Lenguaje corporal positivo y negativo.* Y lo haremos con un pequeño experimento... Dime, de estos dos, ¿cuál es positivo y cuál es negativo?

1. Golpear la mesa con el puño
2. Sonreír

Por supuesto, estarás de acuerdo en que (a), "golpear la mesa con el puño" es negativo, mientras que (b), "sonreír" es positivo. Pero ahora agreguemos algunos más...

3. Fruncir el ceño
4. Tocarse la nariz
5. Golpear los pies
6. Inclinarse hacia atrás en una silla

Ahora las cosas se vuelven un poco menos sencillas, ¿no? Puedes pensar que fruncir el ceño es en general negativo, pero no tan negativo como golpear la mesa con el puño. Y yo estaría de acuerdo. Esto nos dice que hay *niveles de negatividad y positividad en el lenguaje corporal.*

La negatividad y la positividad están en una línea, en un gradiente, de muy negativo a muy positivo. En el medio, tienes "bastante negativo/positivo", "un poco negativo/positivo" y todas las calificaciones intermedias que desees usar...

Puedo escuchar tu pregunta, no te preocupes, "¿Existe un lenguaje corporal neutral?" ¡Gran pregunta en realidad!

La idea del *lenguaje corporal neutral* es interesante para mí... Déjame decirte por qué. Por lenguaje corporal neutral queremos decir "relajado" y "a gusto". Entonces, el lenguaje corporal, "neutral" es en realidad "positivo". Creo que esto nos dice mucho sobre el verdadero significado de la vida... Pero tal vez esto sea algo que discutiremos en un libro de filosofía...

Ahora, volvamos a lo positivo y lo negativo. ¿Qué nos hace medir la negatividad en el lenguaje corporal? Quiero decir, ¿qué actitud hace que el lenguaje corporal sea negativo? Aquí hay algunos ejemplos:

- *Agresión*: por supuesto, el comportamiento agresivo hace que el lenguaje corporal sea negativo.
- *Hostilidad*: puede ser menos abiertamente expresada que la agresión. Por lo tanto, será más difícil de detectar. Pero realmente hace una gran diferencia si puedes detectar la hostilidad en los que tienes delante de ti...
- *Distancia emocional:* esto a menudo se traduce en distancia física, como veremos luego.
- *Timidez y falta de confianza:* está relacionado con la distancia emocional y puede ser su causa, pero no es lo mismo. Un amigo puede tener muchos sentimientos por ti,

pero no confiar en ti en algunos puntos. Y sí, puedes entenderlo por el lenguaje corporal de tu amigo.

• *Desinterés:* puede que esto no sea tan negativo como la hostilidad o la agresión, pero sigue siendo negativo y descubrirlo te ahorrará muchas decepciones en la vida...

Estos son diferentes "tipos" de negatividad, o mejor dicho, diferentes "fuentes" de negatividad.

Entonces, lo que debes hacer cuando detectes la negatividad general en el lenguaje corporal de alguien es *averiguar cuál de estas emociones o actitudes expresa.* Comprender que tu entrevistador en una entrevista de trabajo no está interesado te dirá mucho sobre tus perspectivas de conseguir un trabajo. Sabes, cuando llegas a casa de una entrevista de trabajo y te preguntan: "¿Cómo te fue?" Por lo general, das una buena impresión, pero luego pierdes días estando ansioso... ¿Qué tal si pudieras decir racionalmente que no salió bien porque lo leíste en el lenguaje corporal del panel? Menos ansiedad, menos decepción, más tiempo para pasar a la próxima entrevista...

Verás, la gente de hoy en día a menudo tiene una mala actitud sobre "saber lo negativo"... Es un asunto sociológico. La sociedad se ha vuelto tan difícil y frustrante que, como mecanismo de defensa, muchos de nosotros preferimos "simplemente no saber". Pero si lo sabes racionalmente de antemano, no recibirás el golpe emocional cuando te den la noticia.

Emocionalmente, que alguien en una posición de poder te diga algo negativo o que lo sepas de antemano es muy diferente. El segundo te inmuniza contra la decepción, la frustración, la pérdida de prestigio.

Y te da más tiempo y energía para dedicar a tu próximo movimiento.

Hagamos una pausa para *reflexionar* un poco. Como pedagogo, de hecho, tengo que decirte que un buen alumno es un alumno reflexivo. Entonces, de vez en cuando haremos una pausa y pensaremos un poco... *¿Has notado que ya has comenzado a analizar el lenguaje corporal?* Analizar significa "dividir en partes"...

Entonces, lo que podemos decir sobre el *análisis del lenguaje corporal es que necesitamos entender cuál es la actitud (emoción, pensamiento, etc.) detrás de los signos no verbales.*

Y podemos comenzar con tres pasos:

1. *Divide entre positivo y negativo.*
2. *Decide el nivel o grado de positividad y negatividad.*
3. *Identifica la actitud central detrás del signo, gesto, etc.*

Es un poco como leer la mente, sí... Aunque una lectura honesta de la mente ...

"¿Pero qué hay de lo positivo?" ¡Puedo oírte! Hablando de lectura de mentes... Bien, lo dejé para el final para terminar con una nota positiva.

Aquí nuevamente, por supuesto, hay *niveles de positividad.* De "entusiasta", "enamorado" o "extático" a "desinteresado" y "no totalmente hostil"...

Pero, *¿qué causa un signo de lenguaje corporal positivo? ¿Cuáles son las actitudes detrás de esto?* Aquí están:

- *Empatía:* esta es, ampliamente, la actitud o sentimiento predominante detrás de toda positividad. Cuando las personas entienden lo que sientes, ya sea que expreses un problema o expreses alegría, se abrirán tanto emocional como físicamente (con el lenguaje corporal).
- *Confianza:* si la gente confía en ti, lo verás reflejado en la forma en la que se sientan, se mueven, sonríen, hablan, miran... Y esto es muy importante... ¡Piensa en los estafadores y en lo que pueden saber sobre nuestro lenguaje corporal! Volveremos a esto... Créeme (¡Me encantan los juegos de palabras!)
- *Interés:* si las personas están interesadas en lo que dices, mostrarán una apertura y positividad sobre tus ideas, sentimientos, etc. a través de sus cuerpos.
- *Acuerdo:* esto no es lo mismo que el interés. Comprender el acuerdo a través del lenguaje corporal te pone un paso adelante.
- *Relajación:* no puedes imaginar cómo el estar relajado cambia tu lenguaje corporal. De todas las actitudes (estados mentales) que influyen en el lenguaje corporal, la relajación es "el gran cambio". Verás, si simpatizas, confías, estás de acuerdo, etc.... ¡estás relajado! Si sientes agresión, etc., ¡no es así! Es como "la base de todas las actitudes positivas". ¿O la consecuencia de todas ellas? Digamos que ambas.
- *Seguridad:* tendremos que ver esto en detalle, porque hay

una diferencia clave entre el exceso de confianza o seguridad (que es agresiva) y la confianza o seguridad real (que es protectora). Las personas que tienen una confianza positiva tienen un lenguaje corporal afectuoso, como el de una madre o un padre. Las personas con exceso de confianza tienen un tipo de lenguaje corporal de "general del ejército"...

Si sabes qué signos proyectan positividad, puedes hacer dos cosas con esto:

- Puedes *aprender a leer los signos positivos*. Entonces, sabrás cuándo tu maestro o jefe *realmente* está de acuerdo contigo.
- Puedes *aprender a proyectar señales positivas*. Y esto te cambia la vida. Las personas que proyectan signos positivos tienen una vida mejor: tienen más respeto y estima, son más confiables, son más felices, reciben más información (sí, la gente habla abiertamente con personas positivas), tienen una mejor experiencia de vida e incluso mejores perspectivas de carrera.

Ahora hemos avanzado mucho. Pero hay más que decir.

LENGUAJE CORPORAL EN CONTEXTO

Tomemos un ejemplo del lenguaje verbal y la lingüística. Mira esta declaración en dos contextos:

1. "¡Qué lindo día!" (El sol brilla y hace calor).

2. "¡Qué lindo día!" (Está lloviendo, hace frío y el clima es miserable).

La oración es la misma, pero el *significado es exactamente lo contrario*. La segunda afirmación es irónica. Y no podemos entender la ironía sin algún tipo de contexto. ¡Sin embargo, la ironía cambia el significado de las declaraciones a su opuesto exacto!

Como hacemos con el lenguaje verbal, *necesitamos el contexto para entender el lenguaje corporal*. Necesitamos información contextual. Pero, ¿qué es el contexto exactamente?

El contexto es todo lo que "viene con" una señal, que puede ser inmediata (cercana y clara) o incluso muy remota. De hecho, puede ser otro signo no verbal.

Imagínate a los niños que vuelven a casa, sucios y embarrados. En la puerta los espera la madre, y tú ves lo siguiente:

- Ella tiene los puños en las caderas, en jarra.
- Ella está dando golpecitos con el pie.

¿Qué entiendes a partir de esto?

Tu *primera lectura* te diría que está enojada, que tiene una actitud y una postura de regaño, muy autoritaria e incluso impaciente.

Pero ahora quiero mostrarte el rostro de la madre: ¡y tiene una sonrisa radiante!

La sonrisa es contextual a los otros dos signos. Y ahora comprendes que ella también está jugando con los niños. ¿Con qué frecuencia lo hacemos para "fingir regañar"? En realidad, es una importante actividad social y educativa. No entraré en detalles, pero, por ejemplo, minimiza el papel de castigador severo que suelen tener los padres; les enseña a los niños que incluso eso es un papel, no algo que a los padres les guste hacer, mostrar ironía, etc.... ¡Hermoso!

Pero para lo que necesitamos aprender, hay un punto clave: *tu análisis es tan preciso como la integridad de los signos y los signos contextuales que recopilas.*

Es un poco como "jugar al detective", como Columbo, por ejemplo... Necesitas recopilar una gran cantidad de datos, de hecho, tantos como puedas y luego reconstruir el rompecabezas.

Por lo tanto, podemos estar de acuerdo en que *nunca debes interpretar un signo de lenguaje corporal de forma aislada. Léelos todos juntos, como letras diferentes de la misma palabra, o palabras en una oración...* Ninguno por sí solo puede darte el significado completo.

Si la sonrisa es otra señal no verbal y te da un contexto inmediato, ahora olvídate de que la viste. Ahora te daré otro tipo de información: *conoces la mentalidad y los valores culturales de la madre, y sabes que a ella no le importa que sus hijos se ensucien. De hecho, valora la libertad de los niños y el contacto con la naturaleza por sobre todas las cosas.*

Esta es una información muy importante que cambia toda la perspectiva, una vez más. *No vivimos en un vacío cultural.* Las cuestiones personales, sociales, familiares y culturales, e incluso las tradiciones, afectan todo lo que hacemos y expresamos.

Veámoslo de esta manera. Cuando no entiendes a alguien, muy a menudo acudes a un amigo de esa persona para obtener una "interpretación final". El "confía en mí, no lo decía en serio" de alguien que lo conoce bien... ¿Por qué? Esa oración se basa en conocer el contexto, que incluye la historia de la persona y sus valores...

"Espera", tal vez estés pensando, "¡No puedo saber el pasado de todos!" Tienes razón, y no lo necesitarás la mayor parte del tiempo. Si estás tratando de averiguar si ese asistente de tienda está tratando de engañarte, entonces no lo necesitarás.

Pero esto es para mostrarte hasta dónde podemos llegar con los datos que usamos y qué tan importante puede ser el contexto. Aun así, con el asistente de tienda, también querrás tener en cuenta otros factores contextuales, por ejemplo:

- ¿Es esta una tienda de renombre?
- ¿Has comprado allí antes?
- ¿Eres un cliente habitual?
- ¿El dependiente de la tienda es permanente o simplemente está reemplazando a alguien por un día?
- ¿Conoces al dependiente por fuera de la tienda?

Al igual que cuando lees un libro, es posible que necesites saber sobre la época en la que se desarrolla, la cultura de la que proviene, etc.... Lo mismo se aplicará al análisis del lenguaje corporal.

CONTEXTO Y AMBIGÜEDAD DEL LENGUAJE CORPORAL

Al comienzo de este capítulo, vimos una lista de signos no verbales, ¿recuerdas? Comenzamos con "dar un puñetazo en la mesa" y "sonreír" (¡asumiendo que es una sonrisa real!). Estos dos ejemplos son bastante *inequívocos*. Un poco como las palabras "bueno" y "malo", "amor" y "odio", "felicidad" y "dolor".

Pero luego agregamos "fruncir el ceño", "dar golpecitos con el pie", "tocarse la nariz" y "recostarse en una silla". Y estos no son inequívocos, de hecho, pueden ser *muy ambiguos fuera de contexto y por sí mismos.*

Dar golpecitos con el pie con música significa que te sientes a gusto y "metido en ello". Dar golpecitos con el pie sin música puede ser un signo de nervios (¿o tal vez que tienes una melodía en la cabeza?). Dar golpecitos con el pie mientras estás de pie puede ser un signo de desaprobación, pero al estar sentado puede ser un signo de aburrimiento.

Entonces, si estás en una reunión formal y golpeas con el pie debajo de la silla... apuesto a que estás aburrido... Pero si estás parado y mirando a alguien o en un lugar en particular, creo que estás mostrando desaprobación e impaciencia...

En este caso, *necesitas el contexto para resolver la ambigüedad de la señal no verbal.*

Fruncir el ceño puede ser un signo de perplejidad, pero también de preocupación... Si le dices a un amigo que tuviste una mala experiencia y ves su ceño fruncido, asumirás que está expresando empatía, una preocupación honesta sobre tu felicidad, salud, etc....

Si entregas tu tarea y tu maestro frunce el ceño, bueno, ¡eso no puede ser positivo!

Aquí nuevamente, es el *contexto el que nos dice cómo interpretar un signo no verbal.*

Todo sucede en contexto. Como lector del lenguaje corporal, eso marca la diferencia. Por ejemplo, *en un contexto formal,* las personas serán más rígidas, menos expansivas, menos expresivas. Y esto significa que *el lenguaje corporal se vuelve:*

- Más controlado y menos espontáneo
- Más limitado (gestos más pequeños, movimientos más pequeños, expresiones faciales menos expresivas)
- Más lento y más predecible (hay como un "guión" a seguir en situaciones formales)

En resumen, nuestro lenguaje corporal cambia según la situación:

- dónde estamos
- por qué estamos allí
- con quiénes estamos

Y todo esto es parte del contexto.

EL LENGUAJE CORPORAL COMO PRÁCTICA HOLÍSTICA

Volvamos a la madre que golpeaba los pies. Comenzamos desde su pie y terminamos en una lectura concluyente solo después de ver su rostro... Eso dice mucho sobre cómo leemos el lenguaje corporal. Verás, no es "lenguaje de pies" o "lenguaje de codo" por una razón. *Leemos el cuerpo entero, como un cuerpo expresivo continuo y coherente.*

Hay *ramas específicas del análisis del lenguaje corporal para la cara, la posición y la distancia, las manos, etc.... incluso para los ojos...* ¡Y las veremos muy pronto! Pero el significado viene solo después de observar todos los signos que emite una persona y luego juntarlos. Es como leer un libro... No solo lees verbos, o solo adjetivos o solo sustantivos, ¿verdad?

"¿Pero hay una dirección, un orden? ¿Por dónde tengo que empezar?" preguntas tú bastante correctamente... No, no lo hay. Pero hay un truco profesional que te enseñaré en un segundo.

La mayoría de las veces, *y la mayoría de los lectores de lenguaje corporal se ven atrapados por movimientos o gestos particulares,* exactamente como lo hace todo el mundo. Por lo tanto, es muy probable que el golpeteo de la mujer con los pies sea lo primero que notará un lector de lenguaje corporal tanto profesional como aficionado.

Esto es simplemente porque *hay gestos, expresiones y movimientos muy visibles que se destacan.* Es un poco como gritar, levantar la voz o reír en una comunicación verbal. No puedes dejar de notar estos signos.

La diferencia es que mientras todo el mundo lo nota, el lector experto en lenguaje corporal se "activa".

Déjame explicarte esto. ¿Qué harías, con tus propios ojos, si vieras a alguien dando puñetazos al aire? *Te acercarías al gesto, movimiento o expresión facial extraña, llamativa y anómala, ¿verdad?* Eso es lo más natural que se puede hacer. De hecho, es inconsciente, espontáneo, es un reflejo, una reacción instintiva.

Ahora déjame decirte lo que haría un lector de lenguaje corporal profesional... *Él o ella se alejaría del gesto, movimiento o expresión facial extraña, llamativa y anómala.* Exactamente lo contrario, y eso es lo que quiero decir con activar.

¿Por qué? ¿Cómo puedes ver las señales del resto del cuerpo si amplías un pequeño detalle? Es como la gente que practica deportes como el baloncesto... Ellos vigilan la pelota, pero mantienen su visión periférica en sus compañeros y adversarios... Están entrenados para hacerlo. O mientras te concentras en la pelota, alguien puede robártela...

Entonces, este es un secreto interno, un truco del oficio, pero quería que lo supieras. De esta manera, puedes comenzar con las herramientas, los medios, los hábitos y la actitud correctos que necesitas para volverte muy competente.

Y el primer ejercicio que te pediré que hagas es precisamente este. Sal (cuando tengas que hacerlo, ¡no te apresures solo por esto!) Ve a donde haya gente, tal vez cuando vayas de compras o vayas a la escuela o al trabajo...

¿Entendido? Cuando salgas, mira a las personas que te rodean. Si se mueven, algún movimiento o gesto en particular llamará tu atención. Sin embargo, en lugar de acercarte, "activa" y aleja tu zoom, ya listo para detectar cualquier otra señal que emita el cuerpo.

Y después de que hayas hecho esto, podemos reunirnos nuevamente para el próximo capítulo, donde aprenderemos sobre la naturaleza misma del lenguaje corporal, por qué reaccionamos de la manera en que lo hacemos...

4

¿POR QUÉ EL CUERPO REACCIONA COMO LO HACE?

LENGUAJE CORPORAL

¡Buuuuuu! ¿Te hice saltar? Probablemente no porque solamente estás leyendo esto. Pero si lo hubiera gritado a tus espaldas... La pregunta es, ¿por qué saltamos cuando alguien nos asusta?

Es un reflejo y uno muy visible. Como cuando el médico prueba tu reflejo con el martillo pequeño (o mazo) en tu rodilla. No puedes evitarlo. En este caso, el corazón mismo "salta un latido" (metafóricamente, en realidad late más rápido). Cuando el corazón se ve afectado, todo el cuerpo responde. Sientes un subidón de adrenalina. Tu mente se reinicia de repente y entra en modo de defensa. Tus nervios y músculos se ponen rígidos. A veces, incluso las vejigas tienen reacciones...

Este es un ejemplo evidente de que *no tenemos el control total de nuestras acciones y reacciones físicas.*

Pero, ¿qué tal si todo el tiempo te sucedieran episodios similares, pero mucho más pequeños y menos visibles? No apartas la mirada conscientemente cuando alguien te irrita la mayor parte del tiempo, ¿verdad? *Puedes hacerlo*, pero solo para *mostrar tu desaprobación.* Pero incluso si no quieres mostrarlo, tu cuerpo lo hará.

De hecho, *nuestro cuerpo tiende a responder a casi cualquier experiencia e incluso a cualquier emoción que tengamos.* Y aquí es de donde *proviene el lenguaje corporal natural.* Si eres feliz, sonríes. Si estás enojado, frunces el ceño. Si estás nervioso, tu cuerpo se pone rígido, etc.

"¿Pero qué hay de los actores y los políticos", te preguntas? Podríamos pasar horas hablando de la larga tradición de "mirar cómo se comunica el cuerpo para luego reproducirlo de la forma más natural posible". En cierto modo, *la capacidad de reproducir un lenguaje corporal aparentemente natural* es una de las cosas que hace que un actor sea convincente. Siglos atrás se ritualizaban y exageraban gestos que nadie tomaría como naturales hoy en día. En la época de Shakespeare, los actores no querían "parecer reales". Luego las cosas cambiaron y este arte se perfeccionó.

Y, por supuesto, charlatanes, timadores y políticos se subieron al tren y aprendieron a utilizar el *lenguaje corporal de la recitación.* Esta es una forma de *lenguaje corporal adquirido* que es muy consciente e intencional.

¿Y en el medio? ¿Es el *lenguaje corporal de recitación* la totalidad del *lenguaje corporal adquirido*? ¡No, en realidad no! Captamos el lenguaje corporal inconscientemente todo el tiempo. Existe una teoría en los estudios del lenguaje llamada *Teoría de la acomodación*. Significa que cuando nos gusta alguien, imitamos su lenguaje (tono, elección de palabras, incluso acento), pero también su comunicación no verbal (como el lenguaje corporal)... Ocurre lo contrario cuando no nos gusta alguien con quien estamos hablando.

Esto sucede todo el tiempo y seguro que te has encontrado usando "las palabras de un amigo", es decir, su lenguaje típico. De hecho, notamos las relaciones estrechas porque la gente comienza a "hablar igual y moverse igual"...

Entonces, en tu propio lenguaje corporal personal hay una *herencia cultural* que llevas contigo. Esa expresión facial de tu amado pariente, ese gesto de tu antiguo grupo de amigos... todos estos signos que adquiriste en el camino saldrán a la superficie de vez en cuando de manera subconsciente.

Entonces, hemos visto que existen al menos tres tipos de lenguaje corporal:

1. *Lenguaje corporal natural*
2. *Lenguaje corporal adquirido*
3. *Lenguaje corporal de recitación*

Volvemos al debate sobre la naturaleza vs la crianza... Bueno, ¡al final resultó ser más práctico y menos académico de lo que pensábamos!

ENTENDER LO QUE EL CUERPO TE DICE

Ahora que sabes que el lenguaje corporal tiene diferentes orígenes, puedes comenzar a hacer una distinción. Tomemos un ejemplo práctico... Imagina que eres un analista profesional del lenguaje corporal. Imagina que hay una política famosa en la televisión y está dando un gran discurso. Imagina que te piden que analices el discurso para averiguar "lo que esconde"...

Bien, ahora tendrás que averiguar:

- Lo que ella quiere que creas.
- Lo que realmente siente con respecto a lo que dice.
- Si existe alguna interferencia cultural que confunda la lectura.

Su cuerpo te está diciendo todas estas cosas al mismo tiempo. Y es tu tarea distinguirlas.

Si has visto a profesionales en el trabajo, tal vez hayas notado que a menudo dicen cosas como: "Él usó su mano de esta manera, pero al mismo tiempo frunció el ceño..." Encontrar *señales contradictorias* es en realidad una puerta al engaño. No necesariamente, no me malinterpretes. *No hay absolutos en las ciencias humanas.* No somos maquinas.

Pero verás, *leer los signos en conjunto puede darnos una pista de si la persona se siente consistente con lo que está comunicando o no.*

¿Y qué hay del lenguaje corporal que se adquiere culturalmente? A veces, este puede darnos simpatía o afiliación a un grupo cultural. Los raperos son un claro ejemplo. Sus gestos con las manos realmente nos dicen "Pertenezco a la tradición cultural del rap", con todos sus vínculos con comunidades urbanas, Negras, etc.

La forma en la que la gente cruza las piernas en el Reino Unido puede decirte si vienen de la clase alta o de la clase baja... Permíteme hacer una referencia cultural... ¿Alguna vez has visto la serie de televisión *The Jeffersons*, con un fantástico Sherman Hemsley como el inolvidable George Jefferson? ¿Recuerdas su icónico paso? ¿Qué te comunicó? Pues este les dijo a todos los espectadores que estaba "profundamente orgulloso de ser miembro de la comunidad Negra".

Cuando lees el lenguaje corporal, vuelves a casa con tres conjuntos diferentes de información sobre la persona:

- *Su origen cultural.* Esto puede ser relevante de acuerdo con lo que esté diciendo o, en algunos casos, es posible que debas eliminar estos signos como "ruido" porque confunden tu evaluación. Por ejemplo, si alguien te vende una aspiradora, es posible que desees centrarte en si es una estafa...
- *Lo que él o ella quiere que creas.* Averiguar qué gestos y signos no verbales se "plantaron" allí para convencerte te da una gran ventaja. Sin embargo, ten en cuenta que esto no significa que si alguien está "actuando" también está mintiendo. El político en cuestión, por supuesto, utilizará su entrenamiento en lenguaje corporal... El punto es averiguar

si su cuerpo está contando una historia diferente a la de sus labios.

- *Lo que dice el cuerpo involuntariamente.* Lo cual, por supuesto, confirmará o refutará lo que dice la persona.

Esto es muy importante cuando se compite con el lenguaje corporal... En muchos casos, es como "limpiar todo" hasta que realmente puedes ver la verdad... ¡Y en muchos casos, es mucha limpieza! Pero no siempre es así.

Observamos un ejemplo grande e importante. En realidad, si la gente entendiera cada vez que los políticos les mienten, estaríamos mucho mejor...

Pero en otras ocasiones, es posible que *desees leer el lenguaje corporal para ayudar a la persona.* Los psicólogos lo hacen todo el tiempo. Si le estás dando una mala noticia a alguien, no puedes esperar que la persona responda honestamente todo el tiempo...

Puede haber muchas razones para esto:

- La persona está en shock.
- No tienen una relación de confianza.
- Es posible que la persona no quiera molestarte con su dolor...

Si tienes que darle una mala noticia a alguien, fíjate siempre en su lenguaje corporal. Es posible que la persona necesite mucha más ayuda de lo que realmente admite. Cualquier signo de *cierre*, especialmente frente a su pecho y estómago, es en realidad un signo de dolor extremo en estos momentos. Tu amigo necesita consuelo.

Agacharse o inclinarse hacia adelante también es una mala señal... Es posible que tu amigo se esté rindiendo o, literalmente, esté "asumiendo el peso de la situación"...

Sin embargo, la peor señal puede ser la mirada en blanco y el rostro inexpresivo. Eso es un signo de shock emocional...

Una vez más, el contexto es muy importante en estas situaciones. Incluso puedes esperar una reacción bastante rígida y distante cuando un médico le da una mala noticia a un paciente. Por eso no debe ser el médico quien la dé, sino un psicólogo... Pero si ocurre en una relación amistosa, debes esperar un pedido de ayuda en el lenguaje corporal. Incluso un abrazo...

REFLEJO HUMANO, ¿INEVITABLE O NO?

Algunas personas son como estatuas de mármol. Parece que nunca emiten señales no deseadas. Quizás lo más impresionante de todo esto es nuestra antigua conocida, la Reina de Inglaterra. Puede parecer que es *posible controlar totalmente los reflejos humanos y el lenguaje corporal inconsciente.*

En este caso, por supuesto, sería muy difícil descubrir las mentiras y las trampas. ¿Pero es realmente posible? ¡La respuesta es sí y no!

Sí, es posible controlar los reflejos naturales. No, no es posible controlarlos por completo.

De hecho, gran parte del lenguaje corporal por el que pasan los políticos (y actores) no implica expresar señales no verbales, sino reprimirlas. "Entrar en el personaje" significa "convertirse en una pizarra en blanco" y eso implica calmar el cuerpo hasta un punto en el que no tiene que expresarse de forma no verbal.

Los actores y actrices lo hacen todo el tiempo. Afortunadamente, la mayoría de los políticos y agentes de seguros no son tan buenos actuando. Pero aun así se entrenan para evitar el lenguaje corporal espontáneo.

Para hacer esto, necesitas un entrenador que verifique cómo te mueves, gesticulas, etc. y que luego te diga que "pares esto y pares aquello" hasta que se vuelva fácil y natural para ti ocultar tu lenguaje corporal.

Pero nadie puede hacerlo perfectamente y todo el tiempo. Hay algunos obstáculos:

- *Algunas áreas del lenguaje corporal son más difíciles de ocultar, otras imposibles. Especialmente los ojos no se pueden controlar fácilmente y las caras tampoco.*
- *Requiere esfuerzo y energía ocultar tu lenguaje corporal natural. La gente puede hacerlo por un tiempo breve pero no todo el tiempo.*
- *Los eventos repentinos e inesperados pueden hacer surgir repentinamente el lenguaje corporal natural.*

De hecho, los discursos políticos son casi siempre filmados a distancia, cortos y controlados, no hay un repentino abucheo.

Mira a la Reina de nuevo. Ella ha estado entrenando para esto toda su vida... Pero, aun así, rara vez la verás de cerca, y rara vez cuando está dando un discurso. Sus apariciones son muy breves. Todo está bajo control todo el tiempo.

Habiendo dicho esto, quiero darte un consejo... Imagina que estás en medio de una transacción con un tipo que realmente oculta bien su lenguaje corporal natural... ¿Qué puedes hacer?

- Puedes cansarlo si tienes tiempo. De esta manera, sus defensas y energía caerán, y resurgirá el lenguaje corporal natural.
- Puedes *sorprenderlo*. No hay necesidad de decir "¡buuu!", sino que puedes implementar un gesto, oración, propuesta repentina e inesperada, etc. Y prepárate para leer su lenguaje corporal inmediatamente después de sorprenderlo...

EL CUERPO HUMANO

Leer el lenguaje corporal también significa concentrarse en diferentes partes del cuerpo al mismo tiempo. Piénsalo; no es fácil leer los pies y los ojos simultáneamente. Por eso, en primer lugar, *debes mantenerte a una distancia decente al leer el lenguaje corporal*. Esto también se debe a que, si estás muy cerca de la persona que estás analizando, literalmente interferirás en su lenguaje corporal. No lees el lenguaje corporal en los ascensores...

Entonces, ¿dónde puedes pararte?

- No debes estar demasiado lejos, porque necesitas ver los ojos de la persona.

- No debes estar demasiado cerca, porque necesitas ver todo el cuerpo y dejar que la persona se sienta segura.
- Ni siquiera debes estar directamente frente a esta persona. Puedes convertirte en el centro de atención de la persona.
- Aproximadamente a 10 pies de distancia ligeramente hacia la izquierda o hacia la derecha (aproximadamente 30 °) está bien.

Ahora que sabes dónde posicionarte, ¿qué te parece si echamos un vistazo a algunas áreas clave del análisis del lenguaje corporal? Todas parecen palabras técnicas, y lo son. Pero te explicaremos todo en términos simples y aprenderás los conceptos básicos de estos campos.

KINÉSICA

La kinésica es el estudio del movimiento dentro del lenguaje corporal. No solo nos comunicamos cuando estamos de pie, con expresiones faciales y gestos. *También nos comunicamos a través de movimientos.*

La forma en que caminas, la forma en que corres, cuándo y a dónde vas... En qué dirección giras... Hay tantos aspectos del movimiento que la lista podría continuar por días. También hemos visto que la kinésica es importante en la proxémica (cómo nos mantenemos y nos movemos en relación con los demás). Todos los diferentes campos del análisis del lenguaje corporal están vinculados, por supuesto.

Pero veamos algunos elementos centrales de la kinésica...

- *La dirección del movimiento.* ¿En qué dirección va el movimiento? ¿Va hacia alguien o se aleja de alguien? ¿O quizás de algo?

- *La velocidad del movimiento.* Huir no es lo mismo que marcharse. Y alejarse lentamente no es lo mismo que alejarse apresuradamente.

- *El tamaño del movimiento.* Salir totalmente de la habitación es una señal clara de que tienes la intención de terminar una interacción, incluso pacíficamente... En cambio, simplemente alejarse puede significar que deseas detener la interacción, pero no todavía. Lo lejos que te muevas importa, por supuesto.

- *La acentuación del movimiento.* Con esto queremos decir cuán grande, teatral, exagerado, etc. es el movimiento. Y esto puede mostrar cualquier intención (si la persona quiere hacer un gesto dramático) cuando se pretende, pero falta total de control si es natural.

- *La complejidad del movimiento.* Simplemente caminar no es lo mismo que caminar y saltar, o caminar y saludar, o caminar y menear la cabeza. Necesitamos analizar los movimientos en toda su complejidad.

A estos, por supuesto, debemos agregar los diferentes tipos de movimientos, como:

- Caminar
- Sentarse, ponerse en cuclillas, etc.
- Ponerse de pie

- Mover las manos (saludar etc.)
- Mover los brazos
- Mover la cabeza

La lista es larga... Algo interesante, por ejemplo, es cruzar las piernas. Esto puede ser un signo de tranquilidad, un signo cultural o incluso un signo de malestar según cómo lo hagas.

Es un signo de tranquilidad porque levantas un pie del suelo. Estás menos "conectado a tierra". Por lo general, cuando nos sentimos inseguros, queremos sentirnos en contacto con el suelo tanto como sea posible.

Puede ser un signo cultural. Basta pensar en la diferencia entre apoyar el tobillo en la rodilla, un signo de gran confianza, a menudo utilizado por los hombres e incluso mal visto cuando las mujeres lo hacen en algunas culturas. Ahora compara con alinear las rodillas una encima de la otra. En Gran Bretaña es común, pero entre hombres de clase media y alta y entre todas las mujeres. Los hombres de la clase trabajadora no lo usan a menudo...

Puede ser un signo de angustia, especialmente si el pie levantado tiende a caer sobre la otra pierna. Este es un signo bastante común en las mujeres especialmente, y muestra que la mujer se está "cerrando por completo", incluso que se siente sexualmente amenazada, o al menos que quiere cortar la esfera sexual del encuentro.

Mantente siempre atento a cómo se mueven las personas y descubrirás mucho más de lo que imaginas...

OCULESICS

Hablando de estar atento, *la oculesics es la rama del análisis del lenguaje corporal que estudia los movimientos oculares*. En realidad, es un subcampo de la kinésica. Sabes que los ojos se mueven, pero ¿alguna vez los has observado? ¡Se mueven todo el tiempo!

Por supuesto, su movimiento es limitado en el espacio (a menos que también cuentes el enfoque ocular), pero hay muchas otras cosas a tener en cuenta en el movimiento ocular:

- La dirección
- Si se repite, si es constante
- La linealidad (los ojos pueden girar, por ejemplo)
- La duración del movimiento
- El foco

Hablando del último, hay dos *direcciones clave de enfoque*:

- Enfoque interior
- Enfoque exterior

Piénsalo detenidamente y notarás que cuando las personas miran "dentro de sí" o hacia fuera, puedes notar la diferencia. Un enfoque externo es penetrante, un enfoque interno se desvanece.

Por otra parte, el lugar donde alguien enfoca la vista es, por supuesto, muy importante. El famoso mirar un reloj durante una reunión (romántica) lo dice todo. Pero también es importante la frecuencia del *cambio de enfoque.* Si estás en una cita romántica y miras a otra persona una vez, es posible que tu pareja no lo note, no preste atención o te perdone. Empieza a hacerlo un poco más a menudo y no estoy seguro de que tu cita termine en un escenario de "felices para siempre"...

Todo el mundo cambia de enfoque de vez en cuando. Pero hacerlo constantemente muestra *interés en alguien o en algo.*

Mientras estemos aquí, te contaré un secreto de actuación... Los actores siempre miran *por encima de las cabezas de la audiencia.* También los buenos profesores... ¿Por qué? Tienen que evitar el *contacto visual,* que es demasiado poderoso para sostener, especialmente si, por así decirlo, estás contando una historia, una especie de "mentira"... Te resultará difícil mantenerte en el personaje y mirar a la audiencia a los ojos.

Entonces, a veces, incluso en una conversación muy franca y honesta, la gente mira hacia otro lado, cambia de enfoque. Pero eso es como "tomar un descanso, un respiro". Mantener el contacto visual es realmente muy difícil.

Y sobre este tema, no... Si puedes mirarte a los ojos con alguien durante tres segundos, no significa que estén necesariamente enamorados el uno del otro. Otro mito urbano sobre el lenguaje corporal que tenemos que disipar.

Veamos algunos movimientos oculares típicos.

- Mirar hacia arriba. Esto puede significar muchas cosas. Desde la desesperación, hasta el hecho de que estás pensando, la incredulidad, la confusión, etc.

- Mirar hacia abajo. Esto suele mostrar decepción y voluntad de evitar el contacto visual. También puede mostrar vergüenza y falta de confianza en sí mismo.

- Mirar a los lados brevemente. Esa suele ser una forma de tomar un pequeño descanso, tal vez para pensar o reflexionar.

- Mirar a los lados con intención. Eso suele ser una señal de que la persona está realmente muy interesada en alguien o en algo más.

- Movimiento lateral repetido. Esto suele ser una señal de que la persona está intentando alejarse de esta interacción.

Y este es posiblemente el mayor mito urbano que tenemos que disipar. No... los ojos hacia arriba y hacia la izquierda no significa que alguien está diciendo la verdad, y los ojos hacia arriba y hacia la derecha no significa que la persona está mintiendo ... Investigadores reales lo han desacreditado y han demostrado que es erróneo... Lamento que no sea tan fácil.

La clave para comprender si alguien miente es encontrar una contradicción entre lo que dice verbalmente y lo que dice su cuerpo. No hay "una señal reveladora" de mentira... Y veremos esto en el próximo capítulo.

En cambio, *la secuencia de cambios es importante.* Volvamos a nuestra cena romántica que no empezó muy bien. Jack vio a Rose apartar la mirada hacia la otra mesa y no hacia la comida... Hay un hombre muy guapo allí...

Ahora, Jack se preocupa, pero ya no pasa... Por supuesto, Jack puede pensar que fue una coincidencia.

En el siguiente escenario, Rose mira hacia allí una vez más... Si antes no sabía que había un hombre guapo, ahora demuestra que le gustó la sorpresa... o al menos esto puede ser lo que piensa Jack.

Pero, ¿qué tal si Jack la mira a los ojos mientras ella mira al hombre de la otra mesa?

Imagina que mueve los ojos y mira a Jack directamente a los ojos...

Ahora imagina que mueve sus ojos al otro lado primero, luego hacia la mesa y solo más tarde mira a los ojos de Jack.

Estarás de acuerdo en que, en el primer caso, podemos estar bastante seguros de que Rose no tiene "nada que ocultar". Pero su comportamiento, en realidad la secuencia de cambios de ojos en el segundo caso, nos deja dudas al respecto. Dudas que tendremos que investigar, como analistas del lenguaje corporal.

Hemos visto dos subcampos importantes del análisis del lenguaje corporal que puedes agregar a los dos que ya hemos visto: háptica y proxémica.

Estos cuatro campos juntos te brindarán un buen marco para trabajar.

Por supuesto, hay campos específicos, para todas las diferentes partes del cuerpo, y pronto los veremos.

Antes de pasar al siguiente capítulo, donde aprenderemos a interpretar el lenguaje corporal a la luz de lo que dice la gente y lo que nos dice su cuerpo, recapitulemos y veamos cuántas áreas (ramas) del análisis del lenguaje corporal conoces hasta ahora.

- *Háptica* – que estudia "cómo las personas se tocan" a sí mismas y a los demás.
- *Proxémica* – que estudia "cómo las personas se paran y se mueven entre sí".
- *Kinésica* – que estudia "cómo se mueve la gente".
- *Oculesics* –que estudia los "movimientos oculares".

Tenlos en cuenta porque los necesitarás a continuación, cuando lleguemos al capítulo que has estado esperando... ¡el de detección de mentiras!

5

¿LO QUE ALGUIEN DICE ES LO MISMO QUE LO QUE EN REALIDAD HACE?

Mayla llega a casa de su nuevo trabajo. Empieza a hablar con su marido sobre su primer día de trabajo, pero tiene la impresión de que no le está prestando atención, así que dice:

"¿Estás escuchando, Chris?"

Y él responde: "Sí, por supuesto, Mayla, soy todo oídos," mirando por la ventana...

Tú entiendes. Lo que dice Chris no coincide con lo que dice su lenguaje corporal. Cuidado, esto no es una pista para sacar conclusiones precipitadas. Pero es una *"brecha entre dos realidades que debemos investigar"*. Considérate principalmente un investigador, no un juez. Y en cualquier caso, el valor de un juicio depende de la precisión de la investigación.

En este capítulo, nos centraremos en esta brecha (o falta de)... Veremos diferentes formas de comunicación y qué discrepancias pueden decirnos sobre el significado real detrás de las palabras (y también detrás de los gestos).

CÓMO SE COMUNICAN LOS HUMANOS

Mira el *David* de Miguel Ángel. Mira la *Mona Lisa* de Leonardo. Escucha la *Novena Sinfonía* de Beethoven. Lee una novela o ve una obra de Shakespeare... Todas estas son formas de comunicación. Las palabras escritas, las palabras habladas, incluso los ruidos extraños que hacemos son comunicación. Pero también lo son las líneas, los colores, las sombras, la perspectiva en las pinturas. Y también lo son las notas, el ritmo, el tempo en la música... En el lenguaje cinematográfico, el zoom, el corte, los primeros planos, la fotografía, la banda sonora... son todas formas de comunicarse.

¡La comunicación es mucho más que un libro de gramática de cualquier idioma! Sin embargo, es cierto que *los seres humanos dependemos en gran medida de la comunicación verbal.* Mucho más que otros animales. Por ejemplo, los peces se comunican con colores y movimientos muy a menudo. Algunas aves se comunican cantando, otras exhibiendo sus plumas o incluso realizando danzas rituales... Otros animales son muy verbales, por otro lado (gatos, delfines, elefantes, ballenas, etc.).

Y bailar puede ser un muy buen ejemplo para usar. Piensa en bailar. Piensa en *cómo bailas. La mayoría de nosotros vemos, vivimos y usamos la danza como una forma de expresarnos libremente. La* mayoría de nosotros no hacemos splits; la mayoría de nosotros no hacemos plié, sauté, etc... Bailamos de forma espontánea y natural.

Pero si bailas con regularidad, pronto aprenderás tal vez a bailar el vals, twist, o rock 'n' roll (eso es realmente difícil) o tango (¡también difícil!) Luego, si progresas, pasas al tango figurativo, etc. Por supuesto, para ser bailarín de ballet debes empezar a aprender todos esos movimientos cuando eres un niño.

Pero, ¿qué nos dice esto? Nos dice que nos comunicamos naturalmente a través de la danza. Pero cuanto más aprendemos sobre ella, nos volvemos más experimentados y luego incluso profesionales. Cuanto más aprendemos "nuevos signos", nuevas "palabras", nuevas "unidades de comunicación", así como nuevos estilos entre otras cosas, podemos expresar más porque tenemos más herramientas.

Y esto es cierto para el arte, el canto, la actuación... ¡todas las formas de comunicación de hecho! Piénsalo. Puede que no seas un gran cantante, pero todos podemos tararear una melodía (incluso fuera de tono, claro) cuando estamos felices. No, puede que no seas tan buen cantante como Aretha Franklin o Natalie Dessay. ¡Pero tenían un enorme talento natural y estudiaron y practicaron!

Del mismo modo, nunca pintarás tan bien como Leonardo o Caravaggio, pero puedes hacer dibujos sencillos. Y cuanto más practiques la pintura, más te equipararás con "palabras de pintura", "frases de pintura", etc....

Verás, las plantas incluso se comunican a través de los olores. Y algunos animales entienden ese idioma. Nosotros también entendemos si algo está bueno para comer o no por su olor. Entonces, esa es otra forma de comunicación, pero en nuestro caso es solo pasiva. Es decir, lo recibimos, lo "leemos". Bueno, algunas personas pueden "hablarlo" también en lo que creen que es una situación divertida...

Lo que importa es que *cuando decimos "lenguaje" la mayoría de nosotros queremos decir "lenguaje verbal", pero hay muchos idiomas que "leemos y hablamos" todo el tiempo, cada uno con su estructura, sus "palabras".*

Estos lenguajes, o formas de expresión, se pueden dividir en *visuales y auditivas,* principalmente. Los humanos tenemos una vista bastante buena (y dependemos de ella más que todos los demás sentidos) y un oído por debajo del promedio (es bueno, pero no coincide con el de la mayoría de los mamíferos). Los tiburones también tienen la capacidad de detectar electromagnetismo, un sentido que aparentemente no tenemos... Los perros tienen un sentido del olfato increíble...

Lo que nos dice esto es que *nuestros principales medios de comunicación dependen de nuestros sentidos mejor desarrollados.* Los gatos, por ejemplo, tienen una audición impresionante y se comunican incluso en frecuencias que no podemos escuchar (como los delfines). Los perros solo se comunican visualmente a corta distancia, porque su vista es pobre, pero los lobos aúllan para hablar con otros lobos a millas y millas de distancia. No podemos hacer eso, y nuestro sentido del oído es mucho más débil que el de ellos...

¿Cuántas formas utilizan los humanos para comunicarse? La lista es enorme, pero se divide principalmente en visual y auditiva:

Lenguajes visuales:

- Pintura
- Esculturas
- Palabras escritas
- Simbolismo visual
- Signos matemáticos (son una forma de comunicación)
- Baile
- Lenguaje corporal

Lenguajes auditivos:

- Palabras habladas
- Música
- Canto
- Silbidos

Luego, también tenemos *formas de comunicación que mezclan la visual y la auditiva,* como:

- El teatro
- El cine
- La ópera
- El ballet
- Muchos conciertos hoy en día, ya que Madonna transformó los conciertos de una experiencia principalmente auditiva a una visual y auditiva.

Finalmente, *algunas formas de comunicación también tienen una naturaleza kinestésica.* Esto significa que utilizan *movimientos corporales y gestos para expresar ideas, sentimientos, etc.* Por ejemplo:

- La actuación
- La danza y el ballet
- La ópera
- La mímica
- El malabarismo y artes similares
- La patineta, la natación sincronizada
- ¡El lenguaje corporal!

Y hemos cerrado el círculo.

Todos estos tienen un medio de comunicación (manos, pies, movimiento, óleo sobre lienzo, sonido, etc.) y luego un código, que es una serie de significados y luego una "gramática" para juntar estos significados.

INTERCAMBIAR INFORMACIÓN CON COMUNICACIÓN VERBAL

¿Es el lenguaje verbal algo excepcional? Sí y no. No, no es exclusivo de los humanos, como creíamos hace solo unos años. Mencionamos a los delfines, pero incluso más cerca de casa, los gatos usan un lenguaje verbal (¡en realidad usan 6 idiomas verbales diferentes!) con significados claros y bastante expresivos.

Y sí es excepcional porque *usamos el lenguaje verbal como nuestra principal forma de expresión racional.* Esto no significa que no podamos usar el lenguaje verbal para la comunicación irracional... Cuando lees o escribes un poema, una novela o cantas una canción, en realidad estás expresando, en muchos casos, emociones, no ideas ... Pero para expresar conceptos irracionales con el lenguaje verbal necesitamos cosas como imágenes, metáforas, símiles, etc.... Necesitamos un lenguaje "figurativo" o metafórico.

Es más, *nuestra sociedad le da mucha importancia al lenguaje verbal.* Los tratados de paz se escriben con palabras, no se pintan ni se expresan a través del ballet. Del mismo modo, las leyes se escriben en papel y se firman. No se presentan como una estatua ni como una sinfonía...

Pero hay más; *el lenguaje verbal es el núcleo de la educación y se enseña de forma extensiva.* Principalmente *aprendemos a través de palabras* (libros, discusiones, presentaciones) y *aprendemos mucho sobre la comunicación verbal.* Piensa en cuánto tiempo pasaste aprendiendo inglés en tu educación formal y cuánto tiempo pasaste aprendiendo música, drama, arte (normalmente un poquito más), ballet... ¿Y lenguaje corporal? Ni siquiera he oído hablar de él en la escuela.

Ahora te pediré que retrocedas un momento... ¿Qué dijimos sobre el baile? Que cuanto más aprendas sobre él y más lo practiques, más competente te volverás. Esto significa que:

- *Puedes expresar más conceptos y con más precisión.*
- *Tienes más control sobre lo que expresas.*

Esta es la razón por la que la mayoría de nosotros *preferimos el lenguaje verbal: podemos controlar muy bien lo que decimos.* Lo damos por sentado, pero piensa en cómo habla un niño. Ellos no controlan lo que dicen tan bien como nosotros. Empiezan a adoptar el lenguaje verbal de los miembros de la familia, luego lo aprenden en la escuela, etc....

Esto es un arma de doble filo... Por un lado, nos permite comunicarnos con confianza y gran precisión. Por otro lado, las personas que son muy hábiles en esto pueden ocultar sus verdaderas intenciones...

Es por eso que los agentes de ventas son muy buenos para hablar y comunicarse verbalmente. Tienen el "don de la simplicidad". Y si no lo tienen por naturaleza, ¡lo aprendieron!

Este mismo punto nos muestra *por qué el aprendizaje de la comunicación no verbal es muy importante:* no estamos equilibrados. Necesitamos mirar "el otro lado de la comunicación" que a menudo se ignora, pero que también puede mostrar cosas e intenciones que se enmascaran fácilmente con la comunicación verbal.

PRESTANDO ATENCIÓN A LA COMUNICACIÓN NO VERBAL

De todas las formas de comunicación no verbal, *la más común es el lenguaje corporal.* No todo el mundo pinta, no todo el mundo baila, no todo el mundo canta. Todo el mundo usa el lenguaje corporal. Del mismo modo, incluso los pintores, bailarines y cantantes no siempre pintan, bailan o cantan. *Pero nosotros (y ellos) usamos el lenguaje corporal todo el tiempo, ¡lo queramos o no!*

Pero hay más... Cuando los cantantes cantan, cuando los bailarines bailan, cuando los artistas pintan, saben exactamente lo que están haciendo... *tienen el control de su comunicación. Con el lenguaje corporal, en la mayoría de los casos, las personas no controlan lo que están diciendo.*

A menudo escuchamos y miramos hacia otro lado (como hizo Chris en el ejemplo al comienzo de este capítulo). Mayla, por otro lado, estaba prestando atención al lenguaje corporal de Chris. Por eso tuvo "la impresión de que él no estaba escuchando". Y es por eso que es poco probable que crea que él es "todo oídos".

¿Dijimos al principio de este libro que las mujeres, estadísticamente, prestan más atención a la comunicación no verbal? No es erróneo que las mujeres, en promedio, tengan un mejor EQ (cociente emocional, como el CI pero para la inteligencia emocional). *Simplemente prestar atención al lenguaje corporal y a la comunicación no verbal estimula tu inteligencia emocional.*

COMUNICACIÓN NO VERBAL Y DETECCIÓN DE MENTIRAS

Pero sé lo que estás pensando... "¿Cómo podemos realmente saber si alguien nos está mintiendo?"

Bien. Primero, desacreditemos los mitos. Lo dije, pero lo repetiré: *no hay un letrero que diga que alguien está mintiendo.* Esos son mitos sobre el análisis del lenguaje corporal. Sin embargo, no te desesperes, porque...

Existe un método, un procedimiento para averiguar si es probable que alguien mienta o diga la verdad.

Para empezar, observa lo "probable". Dijimos que los detectives usan el lenguaje corporal. Cierto, como evidencia, para encontrar pistas, etc. No como prueba definitiva. Esto no se debe a que no sea algo científico. Es porque simplemente no podemos estar dentro de la mente de las personas. Y siempre puede haber una razón para los gestos, etc., que no podemos ver...

Entonces, ¿cómo es este método? En primer lugar, *este utiliza el pensamiento y la comunicación tanto racionales como irracionales. Nunca debes sacar una conclusión sobre una "impresión". Pero debes dejar que las impresiones entren en tu análisis.* ¿Ves el truco?

Estos son los elementos centrales:

1. *Escucha con mucha atención lo que dice la gente.*
2. *Observa con atención todas las señales no verbales que emiten al decirlo* (esto suele suceder al mismo tiempo, pero con grabaciones podemos cambiarlo).
3. *Empareja, superpón lo que dicen con su lenguaje corporal.*
4. *Elimina el* ruido (signos culturales, etc.)
5. *Encuentra inconsistencias entre palabras y lenguaje corporal, entre lenguaje verbal y no verbal.*
6. *Analiza la probabilidad de que la persona mienta.*

Estos son los pasos clave. Has aprendido y estás aprendiendo bastantes detalles y técnicas sobre los primeros cinco pasos. En cuanto al sexto, que es donde se extraen todas las observaciones que has hecho a la vez, necesitamos agregar algo de información.

Piensa en el lenguaje corporal como alguien que rebota en un colchón. El colchón es tu subconsciente. Reaccionamos a él a través de la comunicación no verbal. Sin embargo, el subconsciente nunca es realmente estable. Es como un colchón de agua en continuo movimiento.

En cierto modo, un poco de "agitar, ondular, rebotar" es algo continuo y muy normal. Nunca estamos en tierra firme y segura psicológicamente hablando. En cualquier "ola" tenemos una falta de equilibrio en el lenguaje corporal. Eso puede resultar en una expresión facial, movimiento, movimiento de ojos, etc. Estos mismos suelen ser pequeños, porque provienen de pequeñas ondas.

Pero también tienen cierta regularidad porque estas ondas son algo regulares. Sin embargo, una ola repentina provocará un signo no verbal repentino. Y eso es lo que quieres detectar en particular.

El caso es que cuando mentimos y sabemos que lo hacemos, "perturbamos las ondas de nuestro subconsciente". Es como si dejáramos caer un gran peso sobre el colchón de agua... Verás, el movimiento de la mentira dentro de nuestra persona trastorna el subconsciente que reacciona desequilibrándonos provocando un signo no verbal discordante.

O, para otra comparación, imagina que estás leyendo un sismógrafo... Necesitas detectar un pico extraño en la línea...

Una vez que detectes el pico, la onda extraña, etc.... necesitas volver a lo que la persona acaba de decir y analizar su lenguaje corporal en detalle (más fácil con las grabaciones).

Aquí, el lenguaje verbal vuelve a ser muy importante. *¿Puede la oración real ser una mentira?* Si la persona dijo "Buenos días", es mucho más probable que la señal repentina no verbal se deba a un calambre de estómago que a una mentira...

También *observa los patrones repetidos.* Si una persona se comporta como si hubiera habido un rebote más grande de lo habitual en el colchón de agua *(casi) cada vez que menciona un tema determinado, entonces hay un problema emocional claro con ese tema,* y es posible que estés en lo cierto.

Sí, en general es mucho más fácil descubrir una mentira si la persona tiene que hablar más tiempo... Y esto puede ser útil, porque muy a menudo los estafadores nos hablan durante mucho tiempo para intentar convencernos. Y en este caso, simplemente demuestra que no estás convencido y oblígalo a seguir hablando, para que puedas encontrar el patrón revelador del lenguaje corporal inusual. Eso sería evidencia suficiente para sospechar razonablemente una mentira.

EVITANDO LA FALTA DE COMUNICACIÓN

Pero también hay aplicaciones positivas de los estudios de comunicación verbal y no verbal. Ya hemos dicho que aprender a controlar tu lenguaje corporal, de forma honesta y moderada, es realmente muy bueno para ti.

Volvamos al colchón de agua. Verás, nuestro subconsciente puede entrar en "patrones de ondas" que producen patrones repetidos de gestos que a menudo desconocemos y, a veces, no podemos controlar. En un extremo tenemos tics nerviosos, en el otro tenemos pequeños movimientos menos visibles que, sin embargo, otras personas notan (más o menos conscientemente) y en ocasiones chocan con lo que pretendemos comunicar.

Seamos prácticos. Imagina que tienes la tendencia a frotarte las manos inconscientemente. Es un gesto habitual muy, muy común. De hecho, incluso puede provenir de una necesidad de seguridad, consuelo y protección. Sin embargo, también debido a que las revistas le han hecho un pobre favor a nuestra ciencia, la mayoría de la gente lo ve como un signo de deshonestidad.

Créeme, ¡ningún representante de ventas tendrá éxito con este hábito de frotarse las manos!

Tomemos otro ejemplo común. Pies apuntando hacia adentro. Esto tiende a proyectar falta de confianza y deseo de protegerse. Pero también puede ser una postura habitual. Ahora imagina tener que asumir un papel de autoridad, como ser un maestro, o un padre que tiene que enseñar reglas a los niños... Asume que los niños en ambos casos necesitarán mucho convencimiento... Incluso con un buen tono de voz, etc., *el desajuste quedará grabado en la mente de los niños y contradecirá lo que tú digas.*

Todos estos son ejemplos de *falta de comunicación. Ser consciente y corregir tu lenguaje corporal puede evitar problemas de comunicación.* No debes, ni puedes, cambiar todo tu lenguaje corporal. Debes concentrarte en uno o dos signos habituales que te han causado problemas en el pasado. El hecho de que te encorves es un gran ejemplo de esto.

Pero ser consciente del lenguaje corporal también evita otros eventos de falta de comunicación, tal vez peores. Un ejemplo... Esto es algo que los profesores de países multiculturales saben o deberían saber. En algunas comunidades, en particular en la comunidad Negra del Caribe, no miras fijamente a alguien de quien no eres amigo. El contacto visual tiene que ser breve y debes alejarte o serás visto como agresivo.

¿Sabes cuántas veces los profesores han pensado que los estudiantes de esta comunidad "son groseros", "no les importa lo que digo" o "nunca escuchan" simplemente porque asocian el contacto visual con el interés?

De manera similar, cuando el maestro mira a los estudiantes a los ojos, ¿sabes cuántos estudiantes de esta comunidad sienten que el maestro está "siendo un fastidio" o "desafiándome?"

El simple hecho de conocer el lenguaje corporal te permite llevarte bien con muchas personas y evitar malentendidos a veces realmente desagradables. Y cambiar este o aquel hábito puede marcar una gran diferencia en lo bien que puedes expresar tus mensajes a los demás.

Y ahora, prepárate para un par de capítulos muy prácticos y sencillos. El siguiente, por ejemplo, analizará todas las diferentes partes del cuerpo y cómo hablan.

6

LA LECTURA DE LOS MOVIMIENTOS CORPORALES

No podríamos escribir un libro sobre el lenguaje corporal sin mirar todas *las diferentes partes del cuerpo y cómo se comunican.* Es un poco como leer diferentes partes de una oración. Cada parte del cuerpo tiene sus propias características, su propia forma de hablar. También tienen diferentes limitaciones. Por ejemplo, no puedes mover la cabeza tanto como mueves las piernas y los pies. Y no puedes mover los pies tan bien como las manos... Hay diferencias fisiológicas.

Pero hay más... algunas partes del cuerpo tienden a comunicar ciertos procesos de pensamiento o sentimientos, mientras que otras partes del cuerpo son mejores para otro conjunto de sentimientos y pensamientos. Al mismo tiempo, incluso los factores culturales influyen en cómo usamos las partes del cuerpo. Lo hemos visto con las manos y apretones de manos.

Por último, pero no menos importante, *algunas partes del cuerpo son más fáciles de controlar que otras.*

Comparemos estos:

- Ojos
- Boca
- Pies
- Brazos

¿Cuáles son más fáciles de controlar? ¿Cuáles son más difíciles?

Puedes terminar con una lista de brazos - pies - boca - ojos de más fácil a más difícil y, para la persona promedio, estarías en lo correcto. Pero existen diferencias entre las personas. ¡Algunas personas incluso pueden mover las orejas! Yo puedo mover mi cuero cabelludo... ¿Y qué hay de los que tienen pies prensiles?

De hecho, los pies nos muestran que podemos aprender a usar y controlar partes de nuestro cuerpo que no esperaríamos. Las personas que pintan con los pies (o la boca) son una prueba brillantemente hermosa de ello.

Pero hablaremos de pies en un momento. Por ahora, comenzaremos con la parte superior... la cabeza.

CABEZA Y ROSTRO

Somos muy conscientes de nuestra cabeza y rostro. La mayoría de nosotros imaginamos que nuestra "esencia" está ubicada en algún lugar de nuestra cabeza. Ahí es donde "sentimos", donde pensamos, miramos, escuchamos, etc.... Es el centro de nuestro enfoque, básicamente.

Irónicamente, sin embargo, *apenas controlamos nuestras expresiones faciales.* Eso sí, podemos hacerlo, y lo intentamos muy a menudo. "Ponemos caras"; "llevamos sonrisas"; "hacemos muecas", etc. Pero para el ojo experto, los ojos, las orejas, las cejas, los labios, la nariz e incluso los músculos faciales siempre revelan mucho más de lo que pensamos.

También es cierto que nos centramos en los rostros de las personas cuando hablamos. Entonces, esto significa que *la gente es consciente de que sus rostros están "bajo escrutinio".* Y esto significa otra cosa para el experto en análisis del lenguaje corporal... que, si alguien quiere ocultar una expresión no verbal, lo más probable es que sea en su rostro.

Digámoslo así. Si sabes que estás mintiendo, y sabes que la gente te está mirando a la cara, tratarás de controlar tu lenguaje corporal facial... Tiene sentido ...

Pero cada vez que una persona intenta controlar y reprimir una señal no verbal natural, un analista experto del lenguaje corporal puede notarlo. Es como detener las contracciones... Necesitas energía para hacerlo, necesitas endurecer tus músculos... Nunca tienes éxito completamente.

Cabeza

La *inclinación de la cabeza* es importante. Piensa en los estudiantes que sueñan despiertos en la escuela. Inclinan la cabeza muy a menudo. Esto no significa que no estén prestando atención. Significa que están relajados y creativos.

De hecho, la *inclinación de la cabeza hacia la izquierda o hacia la derecha* suele mostrar relajación, comodidad e incluso un procesamiento mental profundo.

Una *cabeza inclinada hacia atrás,* en cambio, es un signo de desconexión, generalmente causado por una profunda frustración o agotamiento total. A menudo significa algo como "No puedo soportar más esto". Pero cuidado, esto no tiene por qué ser lo que pensamos. En un salón de clase, "esto" puede ser un pensamiento personal, un problema familiar, una decepción emocional. ¡No tiene por qué ser tu clase!

Una *cabeza inclinada hacia adelante y hacia abajo* puede significar muchas cosas, desde vergüenza hasta sentirse culpable o sentirse cansado. A veces es una forma sencilla de evitar el contacto visual (a menudo fijar los ojos en manos, pies, etc.)

Una *cabeza inclinada hacia adelante pero en línea recta* suele ser un signo de gran interés, pero también puede usarse de manera irónica, especialmente por parte de los jóvenes, que significa "Bien, ahora, ¿ves lo mucho que te escucho?" pero de una manera desafiante, incluso burlona. Este último signo suele ir acompañado de ojos abiertos de forma exagerada.

Ojos

Dicen que "tus ojos son la ventana de tu alma" y hay mucho más de lo que se dice con respecto a esto. Por ejemplo, ¿sabías que tus ojos son, de hecho, parte física de tu cerebro? Sí, miramos el cerebro de los demás todo el tiempo. Lo siento si te dejé con una imagen extraña.

Y nuestros ojos son, por lejos, una de las partes de nuestro cuerpo más difíciles de controlar. ¡Intenta no parpadear! Imposible. Intenta mirar a alguien a los ojos durante mucho tiempo; Tendrás que alejarte en algún momento... Intenta mantener la atención fija en un solo punto durante mucho tiempo... Se pone difícil... Pero, sobre todo, intenta esconder tus sentimientos... Los ojos hablan, y lo hacen independientemente de nosotros.

Entonces, veamos algunas de las señales más importantes que emiten nuestros ojos...

- *Las pupilas dilatadas* expresan interés, placer e incluso atracción sexual o emocional.
- *Las pupilas encogidas* muestran aversión, incluso repulsión.
- *Los ojos hacia arriba* suelen mostrar pensamiento y duda.
- *Los ojos hacia arriba y a la derecha o izquierda* generalmente indican visualización. Esto no significa "mentir"; significa que estás utilizando tu cerebro visual, incluso para recordar hechos reales de una manera visual, como recordar la cara de tu amigo de la escuela primaria.

- *Los ojos al lado izquierdo o derecho* generalmente denotan atención a lo que estás escuchando, atención a tu sentido auditivo.
- *Los ojos hacia abajo a la derecha* generalmente muestran que estás teniendo un diálogo interno.
- *Los ojos hacia abajo a la izquierda* generalmente muestran que estás verificando hechos.
- *Los ojos hacia abajo* muestran que te estás concentrando en tu sentido del olfato.
- *Los ojos que se mueven hacia la izquierda y hacia la derecha* generalmente significa "Quiero salir de esto"; la persona se siente avergonzada, no se siente cómoda o quiere irse.
- *Los ojos que se mueven en diferentes direcciones* son raros y muestran gran confusión la mayor parte del tiempo, incluso pánico.

Ahora, no las tomes como "reglas estrictas y rápidas". Para empezar, siempre ten en cuenta la opción de que alguien esté siguiendo una mosca. Este es un ejemplo tonto, pero con un mensaje serio. Hay factores externos que nos llaman la atención todo el tiempo. Puede ser una luz, una flor, etc.... La gente no tiene la obligación de mirarte fijamente todo el tiempo...

Pero hay más en los ojos que hacia donde se mueven... Por supuesto, está la expresión. La tristeza, la alegría, la preocupación, la ansiedad, el miedo, el cuidado, etc. Todo esto aparece en la expresión de nuestros ojos.

Esto puede ser difícil de explicar en pocas palabras, también porque los ojos, sus formas y sus cualidades expresivas generales varían de una persona a otra (en realidad, de un ojo a otro, ya que no hay dos ojos iguales, ¡ni siquiera en la misma cara!). Pero todas las investigaciones muestran que todos reconocemos los sentimientos y emociones expresados por los ojos con mucha facilidad.

De hecho, esto se utilizó como evidencia para el argumento de que el lenguaje corporal es natural, porque todo el mundo puede reconocer la expresión de los ojos "naturalmente". De acuerdo, eso fue nuevamente un poco del debate entre la naturaleza y la crianza. Pero bueno, yo te dije que seguía y seguía... y seguía...

Cejas

¿Sabías que tendemos a mirar las cejas con mucho cuidado cuando hablamos con la gente? Esas dos líneas peludas debajo de nuestra frente son uno de los principales puntos focales que tenemos... Pensar en eso es divertido porque no pensamos mucho en las cejas...

Quizás sabemos de manera subconsciente que las cejas son un área muy importante para el lenguaje corporal... Nos dicen si una persona está feliz, enojada, confundida, etc. Para leerlas, divide cada ceja en dos partes:

1. *Ceja interna* (la parte hacia el centro de la cara)
2. *Ceja externa* (la parte hacia las sienes)

En general, es la ceja interna la que dirige el movimiento de la ceja externa. Por lo tanto, concéntrate en esta parte y chequea:

- *Cejas internas levantadas:* esto muestra apertura. A menudo se interpreta como una señal de honestidad y confiabilidad. Pero también puede significar interés y el hecho de que la persona confía en ti o en lo que estás diciendo.

- *Cejas externas bajas:* esto suele mostrar tristeza, dolor, sufrimiento.

- *Cejas internas bajas:* esto generalmente muestra enojo, o al menos frustración.

- *Ceja entera levantada:* en lugar de ser dirigido por la ceja interna o externa, este movimiento es dirigido por la parte central de la ceja. Aquí las cejas forman arcos siendo la parte central la más alta. Esto muestra sorpresa o asombro.

- *Toda la ceja se endereza y se levanta ligeramente:* en este caso, cuando ves que dos cejas se elevan ligeramente, pero se enderezan, significa que la persona está emocionada.

- *Cejas juntas:* esto sucede cuando juntamos ambas en el medio por encima de nuestra nariz, y generalmente muestra confusión, o al menos un intento de entender lo que estás escuchando, viendo, etc.

- *Las cejas ligeramente levantadas junto con la boca entreabierta (con labios aplanados) y el entrecejo rígido* generalmente significa miedo.

Hay muchas cosas para leer en las cejas así como en la boca de las personas, y lo veremos a continuación.

Boca

La boca es una parte muy expresiva de nuestro cuerpo, no solo porque la usemos para hablar... También es una apertura hacia nuestro interior, y como tal tiene una función muy íntima.

- *Labios aplanados:* este es un signo muy claro de tensión, nerviosismo o preocupación. Sin embargo, ten en cuenta que los labios también se aplanan cuando estamos cansados. Un buen lector del lenguaje corporal sabe cuándo su colega ha tenido una mala noche.

- *Labios llenos, regordetes y relajados:* esto es, por supuesto, un signo de relajación y tranquilidad. Ten en cuenta que debes adaptar este concepto a la forma natural real de los labios de la persona. Algunos tienen labios naturalmente más regordetes. Pero todos cambian.

- *Hacer puchero con los labios:* esta es una señal muy inocente. Nos devuelve a nuestra infancia. Sin embargo, mucha gente sabe que este es un signo de atracción física. El hecho es que "bajar las defensas" puede significar que encuentras atractiva a la otra persona.

- *Morderse los labios* es uno de los signos más notables. Muestra que la persona está en problemas, o percibe peligro o conflicto... Este es uno de esos gestos que se les dice a los políticos que eviten a toda costa.

- *Boca parcialmente abierta mostrando los dientes superiores (dientes incisivos):* este es un signo de relajación, atracción e interés.

- *Labio superior distorsionado con un lado levantado más*

alto que el otro: este es un signo de disgusto o gran desaprobación.

- *Sonrisa amplia mostrando los dientes:* por lo general, los dientes superiores se muestran más que los inferiores, pero puede depender de la forma de la boca. Esto es pura alegría y felicidad. Pero también es una señal de aprobación. ¿Cuántas sonrisas de los profesores han demostrado a los alumnos que están en el camino correcto?

Pero aquí tenemos que hacer un punto importante. *Mira siempre a los lados, a la punta de los labios.* La gente es muy consciente de la función del lenguaje corporal de la boca. Esto se debe a que los labios son fáciles de leer, pero también a la razón que dijimos antes: son una parte muy íntima de nuestro cuerpo y, a menudo, están bajo escrutinio.

Entonces... muchas personas han aprendido a fingir el lenguaje corporal de su boca. Pero hay un problema... La "falsificación" aparece en la punta de los labios. Es algo fisiológico. Cuando estás mintiendo, tus músculos se tensan.

Entonces...

- *Extremidades de los labios relajadas:* esto va con expresiones positivas y demuestra que son genuinas.
- *Extremidades de los labios tensas:* esto acompaña a las expresiones negativas. Con una expresión positiva, es posible que desees preguntarte si fue genuina o no.

- *Extremidades de los labios apuntando hacia arriba:* sonrisa real.
- *Extremidades de los labios hacia abajo:* disgusto o sonrisa falsa.

Ve con seguridad con los consejos de las extremidades hacia arriba y hacia abajo... Básicamente, existe un consenso sobre estos dos signos en particular.

Respiración

Esta acción involucra nuestra cabeza (nariz y boca), pecho e incluso vientre. La respiración abdominal es un pequeño truco que te sugiero que aprendas si aún no lo conoces. Es mucho más relajante que respirar por el pecho. Lo usamos cuando dormimos. Los cantantes lo usan, los actores lo usan... Pero ¿acaso la respiración nos habla de los pensamientos y emociones internos de una persona?

La respiración es una función tan vital que es realmente tan profunda como el significado mismo del lenguaje corporal. Para empezar, observa que la respiración es tanto:

- Espontánea
- Controlada, voluntaria

Cuando dejamos de controlar nuestra respiración, el "modo de piloto automático" natural interviene de inmediato. ¡Qué regalo tan maravilloso tenemos! O a veces, el "piloto automático" se hace cargo sin nuestro consentimiento porque recibimos un susto, una sorpresa, nos preocupamos, perdemos energía, etc.

Y esto es exactamente lo que tienes que hacer:

- *Comprueba si hay cambios repentinos o incluso lentos en los patrones de respiración.*
- *Comprueba si hay respiración inusual.*

Para ser precisos, usa estos dos parámetros:

- *La respiración lenta significa relajación* (confianza, falta de preocupación, etc.)
- *La respiración rápida significa emoción o preocupación, tensión, miedo, etc.* Mantén estos dos separados. La emoción puede ser positiva. ¡Tu respiración se acelera también cuando tu pareja te propone matrimonio, o incluso si tú se lo pides!

Sin embargo, en muchas situaciones formales (reunión en el trabajo, tratar con un agente de seguros, dar un discurso...) la idea es que proyectes confianza al tener un patrón de respiración lento, relajado y con buen ritmo.

Y volviendo al principio, ¿ves por qué aprender a respirar con el vientre puede marcar una gran diferencia en tu vida? Puedes controlar tu respiración mucho mejor con la respiración abdominal. Realmente, ¡pruébalo!

Hombros

Los hombros no se mueven tanto, pero cuando lo hacen, ¡no te los puedes perder! Los significados metafóricos de los hombros (fuerza, apoyo, confianza, resistencia, etc.) son básicamente los mismos que su mensaje de lenguaje corporal general. Los soldados llevan su rango sobre los hombros, los reyes y las reinas visten armiño, los directivos de los 80 se volvieron locos por las hombreras porque los hacían parecer más "mandones".

Lee los movimientos de los hombros en dos direcciones principales:

- *Hombros hacia afuera y hacia atrás:* la persona se siente segura, confiada, fuerte y/o tranquila, en control.
- *Hombros hacia adentro, adelante y encorvados:* estos muestran falta de fuerza, cansancio, sensación de haber perdido, falta de confianza y de control.
- Sin embargo, ten cuidado, *los hombros que se ven excesivamente y anormalmente elevados pueden proyectar arrogancia.*

Los hombros son una parte tan grande y visible de nuestro cuerpo que no podemos ocultarlos. Por lo tanto, ten cuidado con lo que dicen tus hombros sobre ti.

Brazos

Los brazos son partes muy móviles de nuestro cuerpo. Esto significa que tienen un gran rango expresivo o potencial. Pero hay algunas características muy importantes de los brazos:

- Son una de las *partes de nuestro cuerpo sobre la que más control tenemos.* Muy a menudo, los brazos dicen lo que queremos que digan, en lugar de lo que realmente queremos decir. Pero no siempre.

- Los brazos *se utilizan a menudo para "tomar posesión del espacio que nos rodea".* En esto, los brazos juegan un papel importante en los juegos de poder, jerarquía, etc.
- El *tamaño de los movimientos y gestos de los brazos es muy importante.* Esto puede cambiar culturalmente (¿volvemos a mencionar a Italia?), pero también es una señal de *cuán confiado eres, qué tan en control estás y cuánto piensas en ti mismo.* Las personas que piensan que son jefes suelen tener movimientos de brazos muy amplios.

Los brazos incluso pueden ser amenazantes, ya que son una herramienta de lucha principal. Por otra parte, también es importante *qué tipo de movimiento de brazo vemos.* Así que...

- *Mover los brazos cerca de los costados, especialmente hacia adentro, hacia el centro de tu cuerpo:* esto es un signo de malestar, incluso de miedo. Es un intento de defenderte y al mismo tiempo de "hacerte pequeño" y menos visible.
- *Cruzar los brazos* proyecta confianza, pero también cierra canales con la persona con la que estás hablando. Te defiendes y te distancias. Es un "no"...
- *Los brazos que se abren hacia los lados* pueden tener diferentes significados. Especialmente con las palmas hacia adelante o hacia arriba, pueden ser un signo protector, mientras que con los puños o las palmas hacia abajo pueden ser amenazantes o una forma de tomar el control del espacio.
- *Los brazos hacia arriba* son un signo de libertad, alegría y liberación.

- *Los brazos detrás de la espalda* son algo poco común hoy en día. Era la posición favorita de los oficiales del ejército, la marina, etc. También he visto a duques, obispos y prelados usar esto, incluso papas... De hecho, proyectan autoridad y confianza en sí mismos, especialmente cuando caminan. Habiendo dicho esto, tus manos quedan escondidas, por lo que es posible que a muchas personas no les guste. La posición aquí es en la que tienes un brazo estirado hacia abajo detrás de ti y lo sostienes con la mano al nivel del codo.

- *Balancear los brazos al caminar* es un signo de bienestar, confianza y libertad. Sin embargo, el balanceo excesivo puede parecer divertido y torpe e incluso indicar lo contrario, falta de confianza. Realmente es una señal flexible y mucho dependerá del contexto.

- *Los codos hacia afuera y las manos en los bolsillos o en las caderas,* como hemos visto, es una forma de hacerse ver más grande. Una señal de que la persona quiere tomar una posición de control, pero al mismo tiempo muestra debilidad e inseguridad.

- *Manos en las caderas o en los bolsillos y manos en forma de V hacia atrás,* básicamente cuando los codos apuntan hacia atrás es otro gesto de desaparición, pero muestra apertura y al mismo tiempo es una actitud "sumisa" o al menos poco confrontativa. Siempre ha sido más común entre los jóvenes, especialmente los hombres, posiblemente como un "marcador social", lo que significa que no ocupan un papel dominante en la sociedad.

Lo que más importa es que mires la *calidad de los movimientos de los brazos.*

- *Los movimientos rápidos de los brazos* a menudo indican confusión, estrés y falta de control (aunque no siempre).
- *Los movimientos poderosos de los brazos* pueden mostrar agresión por parte de una persona absorta.
- *Los movimientos de brazos tranquilos y controlados* muestran calma y control.
- *Los movimientos exagerados de brazos* son raros en la mayoría de las situaciones. Eso es porque sabemos que delatarían nuestra falta de control y eso es exactamente lo que nos dicen cuando esto sucede.
- *La torpeza repentina en los movimientos de los brazos* muestra que algo salió mal desde la perspectiva de la persona: duda, incertidumbre, tal vez incluso miedo o preocupación.

Manos y dedos

Las manos son probablemente la parte más comunicativa de nuestro cuerpo además del rostro. Las usamos para dar señales racionales, códigos, indicar, explicar, contar, saludar... Pero hay algunos movimientos clave de la mano que pueden dar la impresión correcta o incorrecta sobre nosotros mismos ...

- *Esconder las manos* es una mala señal. Da la impresión de que estamos ocultando algo. A veces esto es cierto, pero puede ser que la persona sea tímida o se sienta avergonzada, o incluso preocupada. ¡Nunca escondas tus manos en las entrevistas de trabajo!

- *Frente o dorso de las manos.* Ambas formas tienen una gran diferencia. *Tus palmas muestran apertura.* Cuando queremos decir "lo juro", ¿qué hacemos? Levantamos nuestras manos y mostramos nuestras palmas. Por el contrario, *el dorso de las manos muestra cierre.* Significa "mantente alejado" y mostrar los nudillos en particular es un signo de agresión.

Aquí necesito contarte una historia. Una real. ¿Te acuerdas de Tony Blair? Los expertos en lenguaje corporal lo destacaron por siempre "agitar los nudillos" a la audiencia durante los discursos. También tenía manos muy grandes y el efecto era aún mayor. En cualquier caso, esto fue visto como defensivo (pero aceptado) y como un signo de fuerza. Incluso de deshonestidad, tal vez, pero en general la audiencia lo interpretó como "confianza".

No es un gesto agradable, pero espera a que hable del siguiente y efímero Primer Ministro del Reino Unido... Gordon Brown también mostró el dorso de las manos en los discursos, pero en una posición más baja que Blair. Blair estaba en realidad "en tu cara" con sus manos (¡juego de palabras sorpresa!). Brown parecía incómodo con sus propias manos... ¿Y la gente lo lee como...? Primero que nada, debilidad y un toque de deshonestidad también.

Esto muestra que, realmente, *la forma en que ocurren estos movimientos, de manera cualitativa, marca la diferencia.*

- *Los puños* son siempre un signo agresivo cuando se muestran a otras personas. Cuanto más apuntan y van hacia la cara, más agresivos son. Pero cosas como agitarlos, simular golpes, etc., también importan, así como las expresiones faciales. Los puños a los lados de tu cuerpo con los brazos extendidos muestran rebeldía, o que la persona está tratando de controlar la ira o emociones fuertes.

- *Levantar un puño en el aire* es un lenguaje corporal voluntario y simplemente significa solidaridad con aquellos con quienes estás. A partir de ahí, fue luego tomado por el socialismo y el comunismo, con la mano izquierda como saludo.

- *Levantar la mano abierta y con el brazo extendido* es otro signo voluntario y significa "obediencia". El saludo Nazi y fascista son gestos sumisos... De hecho, mira cómo Hitler lo usó... ¿Alguna vez notaste que nunca mostró la palma de la mano a sus subordinados como ellos lo hicieron con él? Esa mano floja suya terminó mostrando su palma hacia arriba... hacia el cielo... No le debía lealtad a ninguno de ellos... solo a la "causa". Eso es lo que simbolizaba su saludo.

- *Las palmas de las manos unidas a tu cuerpo* significan que estás manteniendo la calma, o incluso que te estás protegiendo.

- *Las palmas de las manos tocándose* pueden tener muchos significados. No necesariamente significan "te lo ruego". El hecho es que esta posición abre un puente de energía dentro de tu cuerpo. Entonces, puede ser una señal de que alguien está restaurando su circulación de energía, que la persona está en paz consigo misma. O simplemente puede significar que la persona está pensando seriamente en lo que estás diciendo.

- *Rascarse las palmas de las manos* a menudo (no siempre) es un signo de confusión, malestar o incertidumbre. Pero recuerda, ¡siempre puede ser un picor físico!
- *Las palmas hacia arriba sobre la mesa, las rodillas, etc.* es un signo extremo de honestidad y colaboración.
- *Las palmas hacia abajo sobre la mesa, las rodillas, etc.* es, en cambio, una señal de control y puede indicar que la persona no quiere que tú sepas algo.

Muchas cosas se pueden decir con las manos, ¡y todavía no las hemos visto junto con los dedos!

Con los dedos, en primer lugar, fíjate si están *relajados, es decir, doblados ligeramente o tensos, lo que significa que están estirados o en un puño.* Una tensión repentina de los dedos de una persona es una clara señal de que algo no está del todo bien... Entonces, por supuesto, tenemos que mirar cómo movemos y posicionamos nuestros dedos.

- *Señalar a las personas* puede ser una necesidad pero, en muchos casos, señalar a la persona con la que estamos hablando es agresivo, especialmente si lo hacemos con el dedo recto.
- *Señalar a las cosas con un dedo suave y arqueado* es a menudo malinterpretado. La gente puede pensar que significa "falta de carácter", "descuido" y "debilidad". Por el

contrario, a menudo es un signo tanto de autoconciencia como de confianza en sí mismo, ambos muy fuertes y profundamente arraigados. El hecho es que señalar es siempre una forma de establecer una relación. El dedo suave es *protector y respetuoso* con la cosa o persona que señala. Es un *signo de bondad confiada*, que a menudo confundimos con debilidad.

- *Jugar con el anillo,* ya sea que lo estés usando o no, es en realidad una señal de angustia la mayoría de las veces. Es una forma de tocarte para tranquilizarte.

- *El dedo meñique extendido hacia los lados* significa que la persona es pianista o... que se siente muy a gusto. Ese dedo se siente vulnerable, ¿no? Entonces, exponerlo así, significa que te sientes perfectamente seguro.

- *Los dedos que se tocan formando un anillo* también pueden tener muchos significados diferentes, principalmente positivos como conectividad, interés, pensamiento profundo o búsqueda de una solución.

- *Tocarse y rascarse las uñas* puede ser un signo de vergüenza, desacuerdo, duda, incomodidad o simplemente aburrimiento...

- *Revisarse las uñas* es poco común en situaciones importantes. ¿Por qué? Bueno, está muy claro que no estás prestando atención. Y significa eso, o peor aún, que lo estás, pero que no estás de acuerdo o incluso que piensas que lo que estás escuchando es una tontería total. Nuevamente, evítalo en una entrevista de trabajo...

Ya ves, incluso los dedos dicen muchas cosas sobre nosotros.

Piernas y pies

...y necesitamos agregar piernas y pies para completar la lista... De forma general, somos *menos conscientes de nuestras piernas y pies que de manos y brazos.* Debido a que están "ahí abajo", porque a menudo están fuera de la vista (debajo de las mesas, etc.), tienden a olvidarse con bastante facilidad.

Al mismo tiempo, el lenguaje corporal de manos y pies está muy influenciado por la cultura. Los "pies en el escritorio" de Estados Unidos pueden costarte tu trabajo en algunos países, mientras que estos proyectan autoridad y relajación en los Estados Unidos... Los árabes señalan con los pies y mostrar la planta del pie es un insulto. Lo mismo sucede en algunos países asiáticos.

En algunos países, cruzar las piernas con toda la pierna sobre la otra es un signo "femenino" y los hombres lo evitan. En otros, va perfectamente bien con su masculinidad (o masculinidad percibida). En muchos países todavía hoy en día las mujeres que abren las piernas cuando están sentadas son mal vistas. Aun así, veamos algunas pautas generales.

- *Las piernas abiertas, separadas* muestran confianza, autocontrol y en ocasiones relajación.
- *Las rodillas juntas* muestran falta de confianza incluso como una amenaza percibida.
- *Las piernas cruzadas* también muestran una sensación de informalidad, voluntad de relajarse.

- *Si el pie envuelve la pantorrilla* puede mostrar una amenaza percibida, incluso sexual, o un cierre total, como ya hemos dicho.

- *Balancear la pierna cruzada* puede ser un signo de total tranquilidad, incluso felicidad o, si estás nervioso, puede mostrar inquietud.

- *Las piernas ligeramente separadas cuando estás de pie, con los pies hacia adelante* significa seguridad en uno mismo, autocontrol y calma. Esta es la posición de canto, la que usan los cantantes profesionales porque es relajante.

- *Las piernas juntas, especialmente con los pies juntos o apuntando hacia adentro cuando estás de pie,* indican una fuerte falta de confianza o sensación de inseguridad.

- *Un pie adelante y otro apuntando hacia los lados cuando se habla o se está de pie* es bastante común y muestra cierto nivel de arrogancia, de determinación, pero no siempre. En todo caso apunta a la idea de que la persona está interpretando la reunión, el evento, el momento como una situación transaccional... Básicamente es un negocio y no una experiencia social para él o ella. De hecho, lo verás a menudo en discursos, conferencias, charlas y presentaciones...

- *Levantar los pies* siempre es un signo de relajación y tranquilidad.

- *Los pies hacia atrás al sentarse,* especialmente si "se agarran de la pata de la silla" a menudo muestra preocupación o incomodidad. Esto suele ir acompañado de una posición inclinada hacia adelante de la parte superior del cuerpo. Esta no es una persona deshonesta; esta es una persona con dificultades que necesita ayuda, pero está lista para colaborar plenamente e incluso hacer un esfuerzo adicional.

- *Sacudir los pies* siempre es un signo de inquietud, pero ten en cuenta que algunas personas lo hacen todo el tiempo y son casi incapaces de detenerlo. En este caso, es más probable que sean muy nerviosos por naturaleza.

- *Tocarse los pies al hablar,* generalmente cuando estás sentado y, a menudo, con las piernas cruzadas. Debes haber visto gente tocándose los pies en estas situaciones. Este es un signo de introversión... La persona está interiorizando lo que está escuchando o mirando hacia adentro, no hacia afuera.

- *Los pies cruzados a la altura del tobillo* dependen un poco de la situación. Si estás en casa y relajado, es solo una señal de relajación. Si es durante una discusión, reunión, etc., puede mostrar un cierre. Quizás la persona se niega a aceptar lo que está escuchando. Mira otros signos en el cuerpo para asegurarte (brazos cruzados, cejas interiores bajas, etc.).

Una vez más, comprueba siempre si los movimientos se ven:

- Naturales/antinaturales o artificiales
- Relajados/tensos
- Proporcionados/exagerados
- Controlados/fuera de control
- Amistosos/agresivos
- "Van con la corriente"/repentinos y fuera de lugar.

Haz esto con las piernas y los pies, pero también con todas las partes del cuerpo y pronto obtendrás un marco de referencia muy bueno para analizar a las personas con bastante profundidad...

De hecho, da un paseo por el parque y observa cómo las personas mueven sus cuerpos... Haz una nota mental... Primero divide entre positivo y negativo, luego intenta agregar las emociones y actitudes reales que sus cuerpos te están revelando.

Puedes hacerlo antes de pasar al siguiente capítulo. De hecho, si en este capítulo hemos utilizado el cubismo, con lo que quiero decir que hemos descompuesto el cuerpo humano en sus componentes, en el siguiente utilizaremos una perspectiva impresionista. ¿Qué quiero decir? Vas a averiguarlo ahora mismo...

7

VIENDO EL LENGUAJE CORPORAL
COMO UN TODO

Una pintura cubista rompe las diferentes partes del cuerpo y las coloca en un plano para que las veas. Pero esto dificulta ver todo el cuerpo, para dar una lectura general de la totalidad de la imagen. Desde el principio hicimos hincapié en la importancia de leer el cuerpo de forma holística, como un todo. Y esto es lo que quise decir con "lectura impresionista". Mira una pintura de Monet y obtendrás una impresión general mientras que los detalles no están bien definidos. Pero tienen sentido como parte del todo.

Entonces, sin más preámbulos, ahora saldremos de nuestra metáfora artística y veremos qué se necesita para ver el cuerpo de una persona como un todo. Ahora veremos cómo la postura es parte del lenguaje corporal, los diferentes tipos de postura, volveremos a donde debes estar en relación con la persona y a un vínculo entre el lenguaje verbal y no verbal. ¿Estás listo?

EXPRESARSE CON LA POSTURA CORPORAL

La postura en sí misma es difícil de definir, ¿no es así? Es "la forma en que uno está parado" pero también "la forma en que uno se mueve". Es amplio y general, más parecido a una "impresión" que a un elemento detallado y específico. ¿Pero sabes, por ejemplo, que muchas personas deciden solo con la postura si les va a gustar alguien? También reconocemos a las personas sin verlas bien, en la sombra, etc., y utilizamos la postura para hacerlo.

Esto nos dice que somos muy conscientes de la postura y la usamos para tomar decisiones muy importantes, incluidas las de "me gusta/no me gusta", "confío/no confío" y "bello/feo". Pero lo hacemos sin ser plenamente conscientes de ello. Y es por eso que al principio del libro te supliqué que corrigieras tu encorvamiento si tienes uno. La gente lo ve, no lo racionaliza y, sin embargo, actúa con mucha fuerza.

Aunque es general, podemos clasificar la postura corporal a *grandes rasgos*. Uno de esos rasgos es la distinción entre *postura dinámica* y *postura estática*. Empecemos por el último.

Postura estática

Lo estático es bastante fácil de entender. Significa que no se mueve o, en términos más generales, tiende a no moverse. La Reina tiene una postura muy estática, para volver a la persona más analizada en lo que respecta al lenguaje corporal en todo el mundo. Muy a menudo, las personas en una posición de poder y en un entorno formal (un discurso, etc.) tienen una postura muy estática.

Tiende a proyectar *autoridad, confianza* e incluso *fiabilidad*. Una persona que no se mueve o que se mueve muy poco se encuentra bien estando de pie en un escenario, detrás de un escritorio, frente a una cámara... No es una buena postura para mantener cuando te juntas con amigos, interactúas con personas, etc.

Y luego está el *grado de lo estático que eres*. Las posturas muy estáticas terminan luciendo "rígidas". No todo el mundo puede llevar con éxito la postura súper estática de la Reina de Inglaterra. Incluso los presidentes de Estados Unidos tienden a ser más fluidos, menos "sofocados". Se mueven lentamente, pero lo hacen, incluso en discursos formales. La Reina ni siquiera parpadea e incluso cuando camina, hace que parezca que no se mueve en absoluto...

Postura dinámica

Una postura dinámica es aquella en la que la persona tiende a moverse. Esto no significa "caminar" (puede que sí), significa mover piernas, hombros, cabeza, brazos, etc. Aquí también, todo depende del *contexto y el grado*. Moverse demasiado puede ser bueno para algunos comediantes solo porque se ve divertido. Los políticos no se moverán demasiado, ni los médicos, ni los agentes de ventas...

Verás, una *postura dinámica* proyecta una *personalidad vivaz, agradable, amistosa* e incluso *saludable*. Esta es también la razón por la que los presidentes de Estados Unidos tienden a ser más dinámicos que los monarcas como la Reina o el Emperador de Japón. Tienen que gustar y también deben demostrar que están sanos todo el tiempo.

Al mismo tiempo, todo depende de la situación. Si estás bailando... No necesito terminar la oración. Si juegas con niños, te diviertes con tus amigos, etc., quieres ser dinámico. Si estás en una entrevista de trabajo, quieres ser más estático.

Cuando la postura es *demasiado dinámica,* y especialmente si los movimientos no parecen coordinados, das la impresión de estar fuera de control y, a veces, este puede ser el caso. Como de costumbre, utiliza otras pistas para confirmar tu sospecha (tono de voz, expresión facial, etc.).

Posturas dinámicas y estáticas

Aquí también hablamos de un gradiente con muchos niveles. Desde alguien que está bailando de manera extasiada y libre hasta alguien que no se mueve en absoluto. Pero quería ver una categoría especial aquí: profesores. Los buenos profesores manejan esto muy bien. Tienen que moverse, ya ves, de lo contrario sus alumnos se quedarían dormidos (¡o no se despertarían!) Por otro lado, tienen que proyectar autoridad, por lo que también tienen que ofrecer algunas posturas estáticas a la clase.

Ellos cambian muy bien de una postura a otra... Por ejemplo, estarán estáticos cuando necesiten hablar con toda la clase y luego se relajarán y se volverán dinámicos cuando caminen alrededor de los escritorios para verificar el progreso de los estudiantes.

FORMAS DE POSTURA

Otra cualidad de la postura es la "forma" que adopta. Con esto nos referimos a lo *abierto, acogedor y no conflictivo* que eres por un lado *(postura abierta)* o por el contrario lo *cerrado, defensivo o incluso agresivo* que eres *(postura cerrada)*.

Esto también ocurre en una línea con muchos gradientes. Desde una persona que extiende los brazos listos para abrazar hasta el niño que se agarra las rodillas mientras está sentado en el suelo con la cabeza entre las piernas.

Esa última posición, como ves, se cierra al mundo entero. No hay forma de "entrar" en el espacio del niño, y el niño solo muestra partes no vulnerables de su cuerpo: sus hombros, piernas, espalda y pies. Oculta su rostro, su vientre, sus palmas y el interior de sus piernas. Al mismo tiempo, el niño mira "dentro de su propio cuerpo".

A la vez, puedes tener a la persona con los brazos abiertos pero que aún no está lista para abrazar, a la persona con los brazos cruzados y las piernas cruzadas... Existe una infinidad de posiciones potenciales que podemos tomar.

Nuevamente, el contexto es muy importante. Si la postura coincide con el contexto y la situación, está bien. Un gerente que se enfrenta a una junta directiva hostil, un político que necesita criticar (atacar) a sus adversarios, etc., *necesitará una postura cerrada*.

Por el contrario, desearle feliz cumpleaños a tu abuela con una postura cerrada generará algunas preguntas importantes sobre tu actitud, sentimientos, estado de ánimo, etc.

Para analizar las posturas, te sugiero que mires a los niños y a los padres. Hay una razón para esto... A menudo se pelean. Es parte del crecimiento. Los padres tienen que ser amigos y al mismo tiempo educadores severos, incluso castigadores si es necesario. Esto significa que su relación está en continua oscilación entre posturas cerradas y abiertas.

Ve al rincón infantil del parque local. Mira a todos los padres e hijos en los toboganes y columpios y en los pozos de arena... Mira a tu alrededor y encuentra a los que están siendo "amigos" y a los "niños traviesos y padres enojados" con solo mirar sus posturas.

¿QUÉ TAN LEJOS DEBERÍAMOS ESTAR?

Ya dijimos a unos 10 pies de distancia y no de frente, sino que en un ligero ángulo (30 grados aproximadamente), pero ¿es esta una regla general? Sí y no. Es una regla general, pero con dos salvedades:

- Que puedas tomar esa posición.
- Que puedas observar y oír correctamente.

Veamos qué significa esto en realidad... Imagina que estás en una fiesta... Hay música fuerte y mucha gente... ¿Puedes pararte a diez pies de distancia? Puedes, pero no oirás nada, y ni siquiera verás mucho con toda la gente caminando... o bailando... o derramando bebidas...

Del mismo modo, vas a un discurso de una política muy famosa. Allí está ella, en el escenario... luego hay una barrera, y la seguridad, y las primeras filas, por supuesto, están todas tomadas... ¡Adiós diez pies, bienvenidos 100 pies si tienes suerte!

Veamos otro ejemplo. La persona que estás analizando susurra. No me refiero a que él o ella susurra una vez... quiero decir que lo hace todo el tiempo... ¿Qué sentido tiene escuchar a esa distancia?

Estás en una carretera muy transitada... Estás viendo a la persona en un video... Hay tantas situaciones diferentes.

Por lo tanto, debemos ser muy flexibles, pero ten en cuenta estas pautas:

- Asegúrate de *ver bien, tanto todo el cuerpo como incluso pequeñas partes.*
- Asegúrate de *escuchar bien.*
- Asegúrate de que *no estés muy visible.* Debes ser una *presencia discreta.*

Por lo tanto, la regla de 10 pies a 30° hacia un lado te brinda la distancia y la posición ideales en la situación ideal. Sé flexible. 15 pies no hacen una diferencia real si la acústica y las imágenes son buenas. No te acerques demasiado, dale siempre espacio a la persona para que se sienta a gusto.

Y si tienes que mantenerte lejos... trata de estar al menos a una distancia auditiva y consigue un buen punto de vista.

PD: no te vistas de rojo si es posible...

ESCUCHAR ATENTAMENTE

El lenguaje corporal es "leer" pero también es "escuchar". "Pero escuchar tiene que ver con las palabras," puedes argumentar. Y tendrías razón, pero no del todo. Lo sé, me gusta confundirte...

Cuando analizas el lenguaje corporal de una persona, por supuesto que necesitas saber lo que está diciendo. Esto ya lo sabes. Pero también necesitas buscar señales que no sean solo verbales... Son ese paso desprendido de lo verbal y sin embargo vienen con la voz, con las palabras y de nuestra boca.

Todo lo que acompaña a una palabra hablada agrega significado a la palabra misma. Por lo tanto, presta mucha atención a:

- Entonación
- Volumen
- Tono de voz
- Entrega general
- Pausas
- Interrupciones
- Anacoluto (es cuando una persona cambia de oración o pensamiento a la mitad, por ejemplo "algo como - en realidad no" o "Tomé el auto - iba a..." Siempre muestran un cambio de opinión o tema. Puede ser totalmente inocuo y apropiado, ¡pero a veces esto esconde pepitas de oro para el analista del lenguaje corporal!)
- La formalidad de las palabras y el tono elegido
- Incluso el acento de la persona puede decirte mucho

Te daré un ejemplo con acentos. Las personas a menudo usan dos acentos, uno es local o de una comunidad en particular y el otro es más estándar y formal. No todo el mundo. Sin embargo, imagina a una persona que elige usar su acento local cuando habla con alguien de afuera. Es una señal de que el forastero no es muy bienvenido, no muy respetado. Y cuanto más se exagera ese acento, más hostilidad mostraría. Es como decir: "¡No somos similares, no somos iguales!" Esto, por supuesto, asumiendo que la persona podría usar un acento más estándar.

También mantente atento a las señales de sonido no verbales, como pequeños gruñidos, "mms" (cuando la gente está de acuerdo), "ers", "tut-tuts", "eh-ehs" y, por supuesto, risas y risitas... Todos estos a menudo son mucho menos controlados que las palabras con las que vienen.

Estos ofrecen una muy buena idea de lo que siente la persona sobre la conversación y la persona con la que está hablando. Estos también te muestran hacia dónde quiere la persona que vaya la conversación. Puedes ver si quiere cambiar de tema, o insistir en un tema, por ejemplo.

Hemos recorrido un largo camino en lo que parece un tiempo muy corto, y espero que haya sido disfrutable. A continuación, nos sumergiremos muy profundo. Tan profundo que vamos a meternos bajo la piel de la persona que analizamos... Sí, me estoy burlando de ti, ¡pero es cierto!

8

EL COMPORTAMIENTO HUMANO Y LOS MOVIMIENTOS DEL CUERPO

¿Dije que el análisis del lenguaje corporal es un poco como leer la mente? Bueno, no literalmente. La verdad es que se parece más a un "comportamiento de lectura" que a la mente real... Verás, no escuchamos las palabras que la persona realmente está pensando. Eso sería una lectura mental, supongo. En cambio, buscamos comportamientos particulares y las razones detrás de ellos. Por eso dije que iríamos "más allá" en este capítulo.

¡ES UN REFLEJO HUMANO!

Imagina que estás conduciendo por una carretera muy transitada. Imagina que tienes una pequeña colisión frontal con otro automóvil. ¿Qué haces? Sé que no parece estar relacionado, pero ten paciencia conmigo... Para empezar, tu coche rebotaría físicamente. A continuación, tú cambiarías al "modo de defensa" de inmediato... En tercer lugar, considerarías inmediatamente al otro conductor como un adversario potencial (en psicología decimos "posicionar"... *posicionas* a una persona en un rol social, por ejemplo, como comprador, como cliente, amigo, etc.).

Bien, ahora cambiemos de carretera... Ahora estás en bicicleta (¡bicicleta, no en motocicleta!) Y estás conduciendo por una carretera verde con árboles a ambos lados... Alguien se te acerca a un lado y sonríe... ¿Cómo posicionarías a esta persona sonriente? Seguramente no "rebotarías". En segundo lugar, te abrirías a esta persona.

Y ahora te cuento un secreto: ¡eran la misma persona! Bien, abandonemos ahora nuestra metáfora del vehículo. La sociedad es así: en algunas situaciones, somos expuestos a una relación conflictiva desde el principio. Los dependientes y los operadores de los centros de llamadas lo saben bastante bien: a veces los clientes vienen con una queja y el choque es inevitable. Otras veces, especialmente cuando estamos libres de preocupaciones y compromisos, podemos encontrarnos "uno al lado del otro" y comenzar con un pie diferente y positivo.

Básicamente, la sociedad es el mayor "posicionador en nuestras vidas". Pero centrémonos en tu reacción en estos dos casos... ¿Por qué reaccionaste de dos formas diferentes? En cierto modo, tu coche lo explica muy bien. Si chocas con otro automóvil, tu vehículo retrocederá y rebotará. Las mismas dinámicas están en juego con las relaciones sociales.

Retrocedamos algunos capítulos ahora y recordemos lo que dijimos sobre las entrevistas de trabajo: el panel generalmente decide en 30 a

60 segundos. ¿Qué significa eso? Que es durante o justo después del primer encuentro (¿un choque o un encuentro de caminos?) que formamos las *primeras impresiones*.

Lo sé, hay gente que jura que sus primeras impresiones siempre son acertadas. Sin embargo, la gente hace todo tipo de afirmaciones. En cambio, veamos lo que dice la ciencia real...

Para empezar, nos formamos las primeras impresiones mucho más rápido de lo que realmente pensamos. No, ni siquiera tienes esos 30 segundos en las entrevistas de trabajo. De hecho, ¡la velocidad que tenemos para juzgar a los demás *se cuenta en milisegundos*! No es un error tipográfico. En promedio, reaccionamos a una expresión facial (ten en cuenta el lenguaje corporal) *en 33 a 100 milisegundos*. Esto ha sido descubierto por psicólogos de la Universidad de Nueva York J.K. South Palomares y A.W. Young en un estudio llamado "Primeras impresiones faciales de los rasgos de preferencia de pareja: confiabilidad, estatus y atractivo", que apareció en *Social Psychology and Personality Science* el 19 de septiembre de 2017. Me pregunto por qué los políticos intentan transmitir el mensaje en la primera línea de sus discursos...

¿Qué sabemos entonces sobre las primeras impresiones? Para empezar, las cambiamos. Esto puede depender de la persona, por supuesto. Hay quienes no se moverán ni un centímetro de su primera impresión y quienes lo harán. ¿Quién es más sabio? El segundo, según el profesor Alex Todorov de la Universidad de Princeton. En su libro *Valor facial: la influencia irresistible de las primeras impresiones* (Princeton University Press, 2017), afirma que la mayoría de las primeras impresiones resultan ser incorrectas.

La razón es bastante simple y, en cierto modo, ya conoces parte de ella. Depende de la situación, de la sociedad, del momento... Pero también hay otras razones. Una es que se basan en *factores superficiales*. Ésta es la razón principal que da el profesor Todorov. Pero ahondaré un poco más... Como dijimos, el análisis del lenguaje corporal es "comportamiento de lectura" y no "lectura de la mente".

Las personas pueden comportarse de una u otra manera por diferentes motivos. Si pudiéramos leer la mente de estas personas, podríamos estar seguros de la razón. Pero como no lo podemos hacer, solo logramos suponerlos, sospecharlos o incluso imaginarlos. Podemos usar deducciones para hacer de nuestra evaluación algo racional y razonable. Pero seguirá siendo una "probabilidad muy, muy alta" en el mejor de los casos, nunca una "certeza" en términos científicos.

A nivel de desarrollo personal y profesional, debemos darnos cuenta de que esto también se aplica al análisis del lenguaje corporal. *El analista profesional del lenguaje corporal siempre está dispuesto a cambiar de opinión y evaluación si surgen nuevas pruebas, nuevos detalles o simplemente si se da una mejor interpretación.* Es un punto ético fundamental de esta práctica. Básicamente, debemos ser sabios e incluso más sabios que las personas no capacitadas.

Todo el mundo es diferente, ¿correcto? Pero cuando tomamos decisiones rápidas, como cuando tenemos un accidente automovilístico, utilizamos *"modelos y categorías prefabricados para tomar nuestra decisión".* Piénsalo. En el trabajo eres "productivo" porque sabes cómo decidir rápidamente. Y lo haces usando categorías simples.

Con las personas, estos son *estereotipos*, y la mayoría de las veces, estos estereotipos están llenos de *prejuicios* sociales y culturales. Hay categorías muy amplias que usamos con estereotipos, por ejemplo:

- Confiable/no confiable
- Agradable/desagradable
- Fuerte/débil
- Masculino/femenino
- Extrovertido/introvertido
- Capaz/incapaz
- Centrado en sí mismo/centrado en lo social
- Conservador/progresista y tradicionalista/innovador
- Racional/irracional
- Viejo/joven.

Hay más, pero con solo mirar "masculino y femenino" nos damos cuenta de que definir género y/o sexo es un asunto mucho más complejo que encontrar "la casilla correcta". La mayoría de las personas tienen un género fluido de alguna manera. Esto no significa que necesariamente tengan relaciones sexuales fluidas. Las personas pueden sentirse femeninas o masculinas en diferentes situaciones. Los hombres pueden tener sentimientos maternos como las mujeres pueden tener sentimientos paternos...

Por lo tanto, una evaluación realizada al encasillar rápidamente un comportamiento o una persona en una de estas categorías es necesariamente incorrecta. Al final, volvamos a ello y luego veamos si hay más que decir, o si hay algunos matices y tonalidades que debamos retocar...

Y se pone aun peor. Muy a menudo, *los prejuicios se instalan.* Los estudios lingüísticos en el Reino Unido muestran sin duda que, si hablas inglés estándar, inmediatamente obtienes el estereotipo de "digno de confianza", pero si hablas con acento regional, te metes en la caja opuesta. El color de la piel es usado por mucha gente para ubicar a las personas en una u otra categoría... La edad también es un factor muy determinante en los estereotipos.

Llegamos al punto casi cómico en el mundo de los negocios (y el entorno de trabajo oficinista) en el que el color del traje ya te coloca en uno u otro estereotipo. El negro es muy engreído y severo, el azul es gerencial, el marrón es anticuado y tal vez simpatiza con los sindicatos, el verde es para aquellos que "quieren verse diferentes", ¡pero nadie que use un traje verde esperará que lo tomen en serio! ¿De verdad?

Por lo tanto, teniendo todo esto en cuenta y siempre dispuestos a cambiar de opinión sobre estos temas, veamos un núcleo del lenguaje corporal y el lenguaje en su conjunto: ¿sí o no?

¿Es un sí o un no?

Incluso en el lenguaje verbal existen dos tipos de preguntas y respuestas:

- Preguntas cerradas: donde solo puedes responder sí o no (por ejemplo, "¿Tomaste las llaves?")
- Preguntas abiertas: en las que puedes responder de muchas formas (por ejemplo, "¿Qué opinas de la música de Bach?")

Al leer el lenguaje corporal, *comprender las señales de sí y no es fundamental para dirigir todo el análisis.* Son un poco como los desvíos en una vía de tren. Ellos deciden en qué dirección va la conversación, o en realidad la comunicación.

No solo esto... Imagínate esto como un cómic... En tu mente tienes muchas preguntas que no verbalizas, pero, sin que tú lo sepas, tu cuerpo las está preguntando todo el tiempo. Al mismo tiempo, tus ojos están fijos en la otra persona para leer sus respuestas en su lenguaje corporal...

Esto significa que necesitarás un "conjunto de herramientas", un marco amplio con señales claras de sí y no que nuestros cuerpos emiten, de manera más o menos consciente.

- *Asentir con la cabeza vs sacudir la cabeza* son los signos más claros y explícitos de sí y no. A veces, también lo hacemos de forma inconsciente.
- *Los brazos abiertos vs los brazos cruzados* son nuevamente signos claros de sí y no. Este gesto se puede controlar de forma racional o, a veces, ocurre de forma espontánea, y esta es una distinción interesante para descubrir cuando lees el lenguaje corporal.
- *Las cejas levantadas vs las cejas bajas* son un signo más sutil de sí y no. En este caso, aunque se pueden hacer de forma consciente, estas expresiones faciales son mayoritariamente involuntarias y espontáneas.
- *Inclinarse hacia adelante vs inclinarse hacia atrás* pueden ser signos de sí y no. Sin embargo, esto no es obligatorio.

Inclinarse hacia adelante suele ser un signo positivo, pero inclinarse hacia atrás también puede ser positivo, especialmente cuando estás sentado, ya que puede significar "estoy relajado".

- *Contacto visual vs no contacto visual.* Esta es posiblemente la forma más intrigante de decir sí o no. Presta atención a los movimientos y cambios. Una ruptura repentina del contacto visual puede significar que no. Pero haz un seguimiento. Si la persona vuelve a tener contacto visual regular, puede haber sido una distracción. Si, por el contrario, notas que después ese contacto visual es menos frecuente y "forzado o desagradable", lo más probable es que sea un no.

- *Los tobillos abiertos vs los tobillos cerrados* a menudo muestran inconscientemente si una persona está de acuerdo o no. Es un sí o un no con los pies que, como decíamos, muchas veces desconocemos. Por ello, es uno de los signos más interesantes para los analistas del lenguaje corporal. La razón debe estar clara para ti a estas alturas: es poco probable que la persona esté fingiendo.

- *Las palmas vs los puños.* Esto a menudo muestra apertura o resistencia. No literalmente sí o no, sino el hecho de que la persona está recibiendo lo que le estás comunicando o, por el contrario, que la persona se está resistiendo. Tal vez sea un tema delicado, sin embargo, no te apresures a sacar conclusiones.

- *Enfrentar vs dar la espalda* muestra que la persona está dentro de la conversación o que quiere alejarse de ella. Lo hemos visto y es otro mensaje que puedes leer en términos de sí y no.

- *Boca relajada vs morderse los labios* no siempre es lo que parece. De acuerdo, la mayoría de las veces, si alguien se muerde los labios, por lo general significa malestar, así que no. Pero a veces pueden hacerlo con el fin de burlarse de ti, especialmente en una situación romántica. Entonces... revisa los ojos de la persona y el lenguaje corporal en general.

- *Movimientos armónicos vs disarmónicos.* Esto puede requerir algo de práctica y experiencia para notarlo, pero es uno de los signos de sí y no más consistentes. Si el cuerpo del oyente se mueve al ritmo del discurso del hablante, entonces es un sí. Por movimiento aquí nos referimos a *cualquier movimiento*: movimiento de ojos, pies, balanceo de brazos, golpeteo de dedos, etc.... Este es un signo claro de total conformidad y calma. Mientras que, si los movimientos no son armónicos, por supuesto significa que la persona no está "en sintonía" con lo que estás diciendo... tómalo como un "no"...

- *Relajación versus tensión.* Es difícil decir que no. Para algunas personas (como yo), es casi imposible. Si eres una de esas personas, aprende a decir que no, por tu propio bien... Ahora, continuando... Incluso las personas a las que les gusta decir que no (o creen que les gusta, pero aquí entramos en psicología y filosofía...) necesitan construir una barrera entre ellas y tú... Y eso significa crear tensión. Los signos de tensión siempre muestran una actitud negativa.

Estos son pares básicos de signos que te darán una lectura de sí o no. Pero hay algunas salvedades, algunas "advertencias"... Como de costumbre...

- *Lee siempre el cuerpo como un todo.* Lo dijimos y aquí es importante recordarlo. Un pequeño signo negativo en una serie de signos positivos no significa no. Puede significar que no es 100% sí, o que la persona estaba distraída, etc. No necesitamos ser "teóricos de la conspiración" todo el tiempo. Sin embargo, a veces las conspiraciones resultan ser ciertas... Entonces, podría ser que la persona fingiera estar de acuerdo, pero en realidad no lo estaba.
- *Observa durante un período de tiempo.* No querrás terminar con una primera impresión, ¿verdad? Por lo tanto, mantén la observación durante el mayor tiempo posible y basa tu evaluación final en todo el período y comportamiento. A veces será más fácil, a veces tendrás poco tiempo. *Pero cuanto más larga sea tu observación, más precisa será tu evaluación.*

Llegaremos a ideas para dar signos de lenguaje corporal positivo en algunos capítulos; no te preocupes. Esta es una práctica tanto de autodesarrollo como un libro sobre cómo leer a otros. Pero antes de concluir este capítulo, necesitamos poner un punto final...

JUICIO VS EVALUACIÓN

¿Has notado que utilicé la palabra "evaluación" cuando hablo del análisis del lenguaje corporal? Hay una gran diferencia entre juzgar y evaluar, y esto lleva al capítulo a un bonito cierre completo.

Al comienzo de este capítulo hablamos sobre cómo las personas juzgan en función de sus primeras impresiones. Sin embargo, nunca deberíamos juzgar realmente a las personas... Pero aun así, el punto de juzgar es que tiene consecuencias. Un juez dicta un veredicto y luego, si es necesario, una sentencia (culpable, condenado a servicio comunitario, por ejemplo).

Juzgar a las personas significa que cambiamos nuestras actitudes hacia ellas como consecuencia de nuestras evaluaciones.

Ahora, déjame ponerte en la piel de un psicólogo, si me permites. Los psicólogos escuchan todo tipo de cosas. Como los médicos, psiquiatras y psicoanalistas, etc. Pero *no juzgan*. No ponen un "juicio de valor" de "buena persona vs mala persona" sobre lo que escuchan. En su lugar, *evalúan*. ¿Qué significa eso?

Significa que ellos:

1. *Analizan* (recopilan señales, las examinan en detalle y luego las juntan para darles sentido).
2. *Evalúan* (sacan una conclusión sobre lo que han observado).

Una evaluación no necesita tener consecuencias. En todo caso, se utiliza para ayudar a las personas y mejorar situaciones, como hacen los profesores en la escuela.

En un momento nos sumergiremos de nuevo en la profundidad del comportamiento humano. Pero a continuación, un pequeño resumen de todos los diferentes tipos de lenguaje corporal que tenemos.

9

LAS CATEGORÍAS DEL LENGUAJE CORPORAL

Háptica, kinésica, oculesics... Ya has aprendido muchas palabras técnicas sobre el lenguaje corporal. Estos tres términos extraños, por ejemplo, se relacionan con el contacto, el movimiento y los ojos... ¡Prácticamente hay una rama, un campo o una categoría para cada parte del cuerpo, y todos tienen nombres extraños! No, no te preocupes. Estaba bromeando. No hay uno para tu dedo meñique y no todos tienen nombres que suenen como héroes griegos...

De todos modos, esto es exactamente lo que vamos a ver ahora. Hemos visto algunos y ahora es el momento de completar la lista. También repasaremos brevemente los que ya conociste, agregando algo de información.

KINÉSICA

Sabes que la kinésica es el estudio de los movimientos corporales dentro del lenguaje corporal. ¡Lo que aún no sabes es que también está dividida en subcategorías! Todas las disciplinas son así, se ramifican y ramifican... Esto ocurre simplemente porque los académicos descubren cosas nuevas todo el tiempo y se vuelven más especializados.

Y hay tres tipos, según el *tipo de gesto:*

1. *Adaptadores:* son signos que aparecen cuando la persona necesita ajustar su equilibrio. Son *"actos de equilibrio"* que a menudo provienen de la incomodidad o la excitación. El salto que tuviste cuando dije "¡buu!" es un adaptador. También lo son *muchos movimientos involuntarios* como suspiros, temblores de piernas, respuestas nerviosas como cuando los estudiantes hacen clic en los bolígrafos en clase antes de un examen, etc.

2. *Emblemas:* son *muy fáciles de leer porque su significado está convencionalmente acordado.* Cosas como el signo de OK, o el pulgar hacia arriba o el pulgar hacia abajo, chocar los cinco, etc.... Estos tienen un código y correspondencia claros de "signo - significado", como los que se encuentran en un diccionario de palabras.

3. *Ilustradores:* estos son los signos que usamos para acompañar nuestro discurso. ¿Sabes, esos gestos típicos que tiene cada persona cuando habla? Ninguna persona tiene el mismo conjunto de ilustradores que otras. Todos usamos

diferentes gestos. Además de esto, los ilustradores, en la mayoría de los casos, no tienen un significado propio. Pero, irónicamente, pronto obtenemos "el código", el conjunto de significados de los ilustradores de un hablante. Algunos, sin embargo, tienen efectos positivos y otros tienen efectos negativos.

La kinésica también se utiliza para referirse a *"análisis del lenguaje corporal"* en su conjunto. Sin embargo, las personas, incluidos los académicos, prefieren el término "lenguaje corporal" a kinésica en este sentido.

Movimientos de cabeza

Los hemos visto, e incluyen:

1. *Movimientos de la cabeza*
2. *Movimientos oculares (oculesics)*
3. *Movimientos de cejas*
4. *Movimientos de boca y labios*

Hay un pequeño truco que quiero darte en esta etapa sobre las expresiones faciales. Sabes que el lado izquierdo de nuestro cerebro es más racional y el lado derecho más creativo. No "todo racional y todo creativo" como la creencia popular lo diría... Está bien. También sabes que el cerebro funciona de una forma muy extraña. El ojo derecho va al lado izquierdo del cerebro, la fosa nasal izquierda va al lado derecho del cerebro... Hay una inversión de los lados del cerebro y los órganos que este controla.

Por lo tanto, el lado derecho de nuestra cara está controlado por el lado izquierdo del cerebro (el más racional), y el lado izquierdo de nuestra cara está controlado por el lado derecho de nuestro cerebro (el menos racional, más creativo e intuitivo).

Apliquemos esto al lenguaje corporal. Lo que dice tu lado izquierdo de la cara es más probable que sea espontáneo, no controlado o falso, más en contacto con tu estado emocional real. Entonces, la gente hace guiños, una señal muy encantadora y, a veces, irresistible. Pero lo más probable es que un guiño del ojo derecho sea "premeditado" y un guiño del ojo izquierdo sea espontáneo. Lo más probable es que nunca sea una certeza...

Expresiones faciales

Hay una diferencia entre la expresión facial y los movimientos de la cabeza (parte de la cara). La clave está en "expresión". Un movimiento es un evento fáctico fácil de describir: "ojos a la izquierda" o "cabeza abajo". Pero las *expresiones* faciales son de hecho un sistema complejo de movimientos y comunicación de sentimientos, incluso de cambios de calidad. Piensa en cómo hablas con los ojos... *hay mucho más que movimiento en la calidad expresiva de los ojos de una persona.* Incluso en los ojos de un perro, para ser justos.

Lo que necesitamos entender es que hay algunas *áreas expresivas generales.* Estas son *categorías amplias de expresión* con matices interiores y matices entre ellas. Úsalas como los puntos de una brújula en lugar de como cajas al describir expresiones faciales.

- *La felicidad*, que se puede expresar con una sonrisa, pero muy a menudo también con los ojos. Intenta el experimento de cubrirte la boca frente a un espejo y sonreír con los ojos... luego intenta sonreír con la boca y estar triste con los ojos. ¡Ahora sabes cómo detectar una sonrisa falsa!

- *La tristeza,* que por supuesto es exactamente lo contrario de la felicidad. A menudo se revela por la dificultad de sonreír, más que por su ausencia.

- *Estar concentrado,* que es un estado mental importante para detectar en el análisis del lenguaje corporal. Desde el punto de vista físico y fisiológico, a menudo se manifiesta con el acercamiento de las cejas. Sin embargo, el observador capacitado también notará el enfoque en los ojos del hablante. El enfoque y la determinación también están estrechamente relacionados. Si una persona parece concentrada, también se verá determinada, activa, convencida, lista para actuar, etc.

- *Estar desconcentrado,* por supuesto, es lo que nunca quieres parecer cuando estás en una entrevista de trabajo. Sin embargo, no es necesariamente negativo. No existe un "valor natural" que diga que estar desconcentrado sea malo. Si estás soñando, relajándote, imaginando, siendo creativo, dejándote llevar, ¡estar desconcentrado es muy normal! En algunos casos, incluso puede mostrar confianza. Por ejemplo, si estás pasando un momento romántico con tu pareja, estar muy concentrado en realidad estaría fuera de lugar. ¡Vamos, no estás hablando de un préstamo bancario!

- *Con confianza* es la mejor manera de lucir la mayoría de las veces, pero incluso aquí puede haber excepciones, por ejemplo, si estás pidiendo ayuda seria. Si pareces muy seguro, es posible que obtengas un "no" por respuesta. Una persona segura se verá centrada, llena de energía y la expresión facial suele ir acompañada de una postura corporal erguida y firme. El contacto visual constante también es un signo de confianza. Una vez más, son una serie de señales las que nos dan la valoración final.

- *Miedo:* la gente lo muestra en su lenguaje corporal general y expresión facial. Se verán sin energía, la cara intentará "encogerse" y evitarán el contacto visual; por supuesto, no aparecerán signos de felicidad y confianza en la cara, etc. Cuando las personas se asustan seriamente, su primera reacción es protegerse la cara. Cubrirse la cara o apartarla del peligro son signos típicos. En particular, el cuero cabelludo se pone tenso cuando la gente tiene miedo, de ahí el dicho "me pone los pelos de punta". Esto también tiene un nombre técnico y se llama *"horripilación"*.

OCULESICS

La oculesics merece una sección propia dada su importancia. La lectura ocular puede que algún día se convierta en su propia disciplina, al igual que el "habla ocular".

El problema con la oculesics para la lectura del lenguaje corporal es que el lector (también conocido como tú en este caso) a menudo tiene acceso limitado a los ojos de la persona. Comprenderás que hay una diferencia entre mirar a los ojos de alguien y "leerlos" o tener que pararte a una distancia y en un ángulo y tratar de leer los ojos de alguien.

Para entrenar con la lectura ocular, el mejor ejercicio es buscar videos. Encuentra videos de personas mirando a la cámara, y no desde la distancia; puedes encontrar a muchos políticos e incluso vendedores.

Hablando de los últimos, perdóname el estereotipo. ¿Conoces esos anuncios clásicos de venta de coches (los muebles también han tomado ese camino)? Mira sus ojos... hay algo que falta, ¿te das cuenta? Miran a la cámara, pero no te miran a ti. Y este es el truco de las ventas. Los vendedores te mirarán a la cara, pero su mirada se detendrá antes de mirarte a los ojos. Mirarán *en dirección a tus ojos,* pero nunca establecerán un *vínculo completo, un contacto total...*

¿Entiendes lo delicado que es este tipo de lectura? Ahora, volvamos a los videos... Elige algunos y mira hasta dónde los hablantes "perforan la pantalla"... Qué cosa más extraña que esta frase ya no se use mucho... Solía ser la "cualidad de estrella" de actrices y actores...

Entonces piensa en tu reacción. ¿Qué hablante te da más confianza? ¿Con qué hablante te sientes más "familiarizado"? Creo que estaremos de acuerdo con la respuesta...

Luego hay otro problema. Notamos si estamos siendo observados. Hay un libro maravilloso del Dr. Rupert Sheldrake, *El sentido de ser mirado.* Creo que ya te lo dije, pero ¿sabes que cuando la policía, los detectives y los agentes secretos acechan a alguien, están entrenados para "nunca mirarle la espalda"? ¿Sabes por qué? Porque la persona se da cuenta.

No es un rumor, es matemático, y toda la evidencia indudablemente dice que de alguna manera nos damos cuenta cuando la gente nos mira. No sabemos cómo, y el Dr. Sheldrake sugiere que puede ser un mecanismo de defensa... En los días en que teníamos que huir de los leones, tener esta habilidad era una ventaja. Y las cebras y las gacelas también tienen este sentido.

Pero hay más... Nuevamente, todas las investigaciones muestran estadísticamente que si un guardia de seguridad mira a la cámara cuando alguien está frente a ella, la persona se da cuenta. Así que ahora enseñan al personal de seguridad a mirar las cámaras con el rabillo del ojo como enseñan a los detectives a mirar los pies de las personas.

Entonces, ¿qué hay para nosotros? Que es difícil, en un entorno formal y con lecturas en vivo, leer los ojos de las personas. Cierto. Pero hay más... y son buenas noticias...

Cuando leas los ojos de las personas, mantén tu enfoque lo más lejos posible de los ojos reales de la persona que estás observando. La gente se da cuenta si les miras la espalda, y mucho más si les miras a los ojos. Es posiblemente la intrusión más invasiva en la privacidad de alguien antes de que limitemos con la ilegalidad y el crimen...

Por lo tanto, *nunca mires a la persona directamente a los ojos.* Trata de mantener ese ángulo y mira *en algún lugar frente a sus ojos.* Ten en cuenta que en muchos casos tienes una ventaja: *las personas que hablan saben que están siendo observadas... esperan un cierto nivel de escrutinio visual.*

Y esto nos lleva a un punto muy importante. Este es un fenómeno famoso y bien investigado por lingüistas...

- Cuando las personas hablan, miran menos a los ojos de otras personas que cuando escuchan.
- Por el contrario, los oyentes miran al hablante, mientras que el hablante tenderá a evitar el contacto visual.
- Sin embargo, si los oyentes no miran a la persona que está hablando, eso muestra falta de interés, falta de confianza, desacuerdo, etc.

... y esto es oro para los lectores y analistas del lenguaje corporal, tanto cuando nuestra persona observada está hablando como cuando está escuchando... En una reunión de la junta, por ejemplo, esto puede decirte mucho sobre lo que realmente piensa cada persona acerca de lo que los demás están diciendo, sin embargo, nunca saques conclusiones precipitadas y, especialmente en las reuniones de la junta, ten en cuenta el hecho de que estas (y los oradores) son en realidad la mayoría de las veces increíblemente aburridos.

HÁPTICA

Ya conoces la háptica. *El estudio de cómo las personas se tocan a sí mismas y tocan a otras personas dentro del lenguaje corporal.* También sabes que depende mucho de la cultura... En Italia los hombres caminan por las calles cogidos del brazo (una tradición que me dicen que está desapareciendo), pero en muchos otros lugares provocaría episodios de prejuicio en abundancia.

Sin embargo, hay otro factor que deberás tener en cuenta con la háptica: *la edad.*

Los jóvenes tienden a tocarse más a sí mismos y a los demás. Sin embargo, esto se estigmatiza como un signo de "infantilismo" e incluso "falta de virilidad". Por lo tanto, los hombres, especialmente, tenderán a dejar de tocar a los demás de manera afectiva.

El contacto cariñoso alrededor de la adolescencia se convierte en un ritual en una "pelea simulada" como bofetadas, "bofetadas simuladas", puñetazos suaves, etc. Esta es una señal de que estos jóvenes realmente *necesitan* caricias cariñosas con sus compañeros...

De todos modos, al mismo tiempo, las mujeres que se tocan a sí mismas se vuelven "sexualizadas", con lo cual no quiero decir que *ellas* tengan la intención de hacerlo sexualmente. Quiero decir que la sociedad aplica los prejuicios y ve esto como "insinuaciones sexuales". Como mecanismo de defensa, muchas mujeres jóvenes reducen el auto-tocarse (tanto en frecuencia como en rango, por ejemplo, evitan ciertas áreas, como piernas, etc.). Pero las mujeres mantienen una práctica de contacto saludable con sus compañeras, a diferencia de los hombres.

Luego llega la edad adulta y el contacto se reduce en general.

Sin embargo, esta tendencia se invierte cuando las personas envejecen. Las personas mayores suelen volver a tocar a los demás, y las personas más jóvenes tocan a las personas mayores con cariño con más frecuencia que a los adultos. Quizás el "desafío de autoridad" de tocar desaparezca; tal vez se despeje la "tensión sexual"; tal vez la gente

simplemente redescubra su naturaleza humana con los ancianos...
¿quién sabe?

PROXÉMICA

Hemos visto que la proxémica es el *estudio de cuán cerca o lejos están las personas, se colocan y se mueven dentro del lenguaje corporal.* Y ahora veremos más información que te resultará muy útil para leer el lenguaje corporal...

¿Alguna vez has estado en un ascensor con otra persona? ¿Cómo te sentiste? No importa quién seas tú, a menos que estés con alguien con quien tienes mucha intimidad (familia, amigo cercano o pareja) la experiencia es siempre la misma. La gente "se hace pequeña", busca un lugar vacío para mirar donde pueda evitar el contacto visual, se pone rígida e incluso decir cosas como "Buen día, ¿no?" se convierte en una tarea difícil...

¿Por qué sucede esto entonces? El hecho es que en un ascensor estás demasiado cerca de otras personas y no hay forma de que esto pueda cambiar. La gente está "en tu espacio", decimos, y esto no es solo una metáfora. Tenemos un área, como un círculo (es una elipse en el suelo, como una burbuja oblonga en tres dimensiones) centrada en el medio de nuestro cuerpo. Esta zona se llama *espacio íntimo*. Cualquier intrusión en este espacio es un problema.

Si estás al aire libre, sientes la presencia de la otra persona, pero tienes la opción de mirar hacia otro lado, encontrar consuelo a un lado. Esto sucede todo el tiempo en aceras concurridas. Pero cuando, por ejemplo, estás hablando con alguien, no solo cruzándotelo en el camino, *una intrusión en tu espacio íntimo siempre hace que te sientas muy incómodo.*

De hecho, mentí. No tenemos un círculo a nuestro alrededor: tenemos cuatro círculos concéntricos (elipses). *Preferimos tener relaciones diferentes en los cuatro espacios diferentes, según lo familiares e íntimos que seamos.* Y los científicos han medido estas áreas. Ahora, aquí están, y con el radio del área para cada persona:

1. *Espacio interior:* de 0 a 1,5 pies de nosotros. Solo permitimos personas muy íntimas en este espacio durante cualquier período de tiempo.

2. *Espacio personal:* de 1,5 a 4 pies es el radio del área donde queremos interacciones normales, cotidianas (no afectivas) sin amigos y familiares. Esta distancia se mide por cuánto puedes estirar los pies cómodamente estando de pie. Como si "marcáramos nuestro espacio" con nuestros pies... como lo hacen los animales (aférrate a este pensamiento; volveremos a él pronto).

3. *Espacio social:* de 4 a 12 pies de distancia es donde queremos tener nuestras actividades sociales diarias con colegas, personas que conocemos, dependientes, etc. Es el área "transaccional", donde gestionamos nuestras relaciones necesarias, pero no amistosas. Ve a la oficina de tu jefe... ¿Qué distancia mantendrás? Verás que está dentro de este espacio.

4. *Espacio público:* a 12 pies o más de nosotros hay espacio público, ese espacio donde permitimos que las cosas sociales normales sucedan libremente, sin convertirse en "nuestro

problema", nuestra preocupación. Actividades normales por supuesto. Un hombre con un comportamiento amenazante es mejor mantenerlo un poco más lejos...

Básicamente, "nuestro espacio" tiene un radio de 12 pies. Es una habitación entera grande...

Pero aquí llegamos a otro principio clave de la proxémica:

La territorialidad

¿Te aferraste a ese pensamiento? Sí, somos un poco como los perros, lobos o petirrojos (pero no tanto como los gatos): somos animales territoriales. No para la caza, sino que para las relaciones personales y sociales.

Cuando estés leyendo el lenguaje corporal y la proxémica de alguien, necesitarás este concepto para ver, por ejemplo:

- Si una persona permite que otra persona entre en su espacio fácilmente. Puedes averiguar mucho sobre su relación a partir de esto.
- Si una persona mantiene a otras personas fuera de su espacio y a quienes mantiene fuera. Puedes ver su "jerarquía" de amigos o incluso jerarquías reales. Presidentes, reyes, reinas y estrellas de rock mantienen a distancia, en el espacio público, a otros que no consideran sus pares... Esto puede ser un juego de poder.
- Si alguien intenta entrometerse en el espacio de otra persona. Esto puede ser bastante molesto y puede significar que la

persona está tratando de ganar algo. Este "algo", sin embargo, puede depender. En algunos casos, incluso se siente "falso"; en un entorno de trabajo puede delatar al ambicioso, pero podría ser solo una solicitud de amistad en otras situaciones...

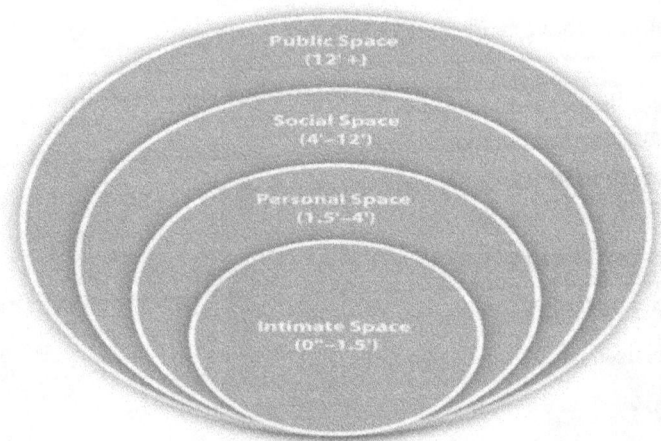

La territorialidad, nuevamente, funciona en una línea, en una línea continua de "casi no territorial" a "muy territorial" y depende de tres factores principales:

- La relación entre las personas involucradas (cercanas o distantes)
- La situación (informal, formal; privada, pública)
- Los individuos (algunas personas son más territoriales que otras)

Al leer el lenguaje corporal, debes intentar distinguir estos tres. Por ejemplo, si se establecen los dos primeros (una reunión entre dos empresarios) y ves que uno de ellos es muy territorial, entonces sabes que esta persona es o está tratando de ser autoritaria y dominante.

De hecho, existe un vínculo directo entre ser territorial y ser dominante, ser el perro alfa (lo prefiero al macho alfa...) o intentar ejercer autoridad.

POSTURA

La postura no es técnicamente un movimiento ni viene dada por una sola parte de tu cuerpo. Por lo tanto, podemos verlo como su propia categoría dentro del lenguaje corporal.

La postura es muy importante cuando se entrena para leer el lenguaje corporal por muchas razones:

- Suele ser lo *primero que notamos a la distancia*. Entonces, es clave para las notorias *primeras impresiones* de las que hablamos antes.
- La mayoría de las veces, *leemos los mensajes de la postura de forma subconsciente* y sólo esporádicamente de forma consciente. Esto nos dice que la postura le habla directamente a nuestro subconsciente.
- *Leer la postura te entrena para leer el cuerpo como un todo.*

Sin embargo, dicho esto, hay una parte del cuerpo que es muy clave para la postura y está en el medio de nuestro cuerpo: nuestro *pecho*.

El pecho

El pecho es clave para la postura ya que es la "parte central de nuestro cuerpo". Lo que podemos decir sobre el pecho es si es:

- *Centrado o descentrado.* Si el pecho está centrado, es decir, no hacia la izquierda o hacia la derecha, proyecta confianza y autoridad; por otro lado, cuando está descentrado también puede indicar relajación, amabilidad, informalidad, intimidad, etc.
- *Inclinado hacia adelante, inclinado hacia atrás o recto.* Esto muestra actitudes hacia lo que se dice. Adelante significa acuerdo, empatía, interés. El retroceso puede significar desconfianza, incluso preocupación o repulsión. A veces, solo significa relajación como dijimos, especialmente si estás sentado. Una postura recta significa "tengo el control", o incluso "estoy bien conmigo mismo". A las personas nobles (mira de nuevo a la Reina) se les enseña a mantener el pecho muy erguido todo el tiempo para proyectar autoridad y estatus.
- *Estirado o encogido.* Podemos estirar el pecho o "hacerlo pequeño", y por supuesto, significa "estabilidad" o "nervios e incertidumbre" en consecuencia.

Hasta ahora no habíamos hablado del pecho pero, como puedes ver, también importa.

El cuello y la cabeza

El cuello también es importante para la postura. Las posiciones hacia adelante, hacia abajo, hacia atrás, hacia los lados, etc. dan diferentes señales. Veámoslos.

- *El cuello y la cabeza hacia adelante* significan interés e implicación.
- *El cuello y la cabeza hacia atrás* significan distancia e incluso autoprotección.
- *La cabeza inclinada,* como dijimos, indica pensamiento profundo, incluso creatividad.
- *La cabeza gacha,* como dijimos, suele ser un signo negativo, que muestra cansancio o vergüenza o incertidumbre, o en cualquier caso, una falta de voluntad para participar.

Piernas y pies

La manera en que mantenemos las piernas y los pies también forma parte de nuestra postura. Más adelante veremos las posiciones para sentarse, pero por ahora nos centraremos en las posiciones de pie.

- *Piernas parcialmente separadas (a un pie) y pies rectos o hacia afuera,* la posición del cantante, como la llamábamos, es un signo de *confianza, autoconciencia y equilibrio.*
- *Piernas juntas y pies también:* esto puede ser un signo de preocupación o incluso inseguridad o amenaza percibida.
- *Las piernas y los pies separados* (como apoyados en un escalón, de lado, etc.) es un signo de gran tranquilidad,

confianza, sensación de seguridad, informalidad y también confianza en uno mismo.

Ya hablamos de cómo se utilizan los brazos para "apropiarse del espacio", por lo que tienen un papel muy importante en las relaciones jerárquicas, pero ahora veamos las posturas sentadas.

Posturas para sentarse

La forma en la que la gente se sienta es reveladora. Hace largo tiempo, los maestros enseñaban *cómo sentarse*. Pero, por supuesto, la mayoría de los estudiantes nunca lo aprendieron. Sin embargo, en la alta sociedad del Reino Unido y Europa en general, sentarse "apropiadamente" es una clara señal de "buena educación"...

Pero más que una señal de que fuiste a una escuela cara, también es una forma de proyectar autoridad. Mira de nuevo a la Reina y a su madre. Examina cómo se sientan. Eso es "sentarse correctamente" y ¿en qué se traduce? Imperturbabilidad.

Ellas forman ángulos perfectos de 90 grados con sus piernas y su abdomen. Parecen figuras geométricas si las miras. Los analistas del lenguaje corporal destacaron a la Reina Madre por su postura perfecta hasta bien entrada la vejez, cuando se encontraba en un grave deterioro físico y necesitaba usar muletas... Todavía sentada perfectamente erguida.

Las piernas deben estar paralelas, pero a una pequeña distancia (unas pocas pulgadas) y deben formar líneas verticales perfectas, no se permiten diagonales...

Esta es la misma postura que encontrarás que se utiliza para representar a los faraones, reyes, reinas, papas, emperadores y cardenales a lo largo de la historia. ¿Por qué? Ya sabes la respuesta: proyecta autoridad.

Cualquier desviación de esto puede decirle al observador bastantes cosas, por ejemplo:

- *Pies hacia atrás, con pantorrillas retraídas debajo del cuerpo o piernas dobladas hacia atrás.* Este es un signo de "autoprotección". La persona no está completamente segura de lo que está sucediendo. Puede haber algo de nerviosismo e incluso ansiedad. Si a esto le agregas...

- *Tobillos cruzados,* que siempre significa cierre, entonces la señal es que la persona quiere desengancharse. Él/ella no parece estar cómodo en absoluto y lo más probable es que esté tratando de "salir de eso". Este "eso" puede ser simplemente una pregunta difícil, no necesariamente toda la situación.

- *Inclinarse hacia adelante y hacia atrás,* como ya dijimos, significa "comprometerse" y "no comprometerse" o "relajarse".

- *Partes del cuerpo que no tienen simetría,* como el pecho descentrado e inclinado, las piernas sobre el apoyabrazos, apoyarse en un codo, etc.... Estos son signos de informalidad, de actitud amistosa, de relajación y de "sentirse como en casa", pero puede que también parezcan groseros en algunas situaciones, especialmente en entornos formales y con personas que no conoces bien.

También hay influencias culturales. En los Estados Unidos la gente está, en promedio, más relajada con la postura que en muchos otros países, incluidos Europa y los países asiáticos. Nunca verás a un director ejecutivo japonés con los pies sobre la mesa... incluso este puede ser despedido por ello.

CÓMO LO DICES IMPORTA

Dijimos que el análisis del lenguaje corporal no es análisis del lenguaje (esa es otra ciencia) pero obviamente hay zonas superpuestas. Y dijimos que todos esos "mmm" y "errr" están en esta zona de super-posición... Al igual que el acento, la entonación, etc. Ahora veremos exactamente qué nos dicen estas categorías en términos de análisis del lenguaje corporal.

Y sí, lo adivinaste, ¡aquí también hay categorías y subcategorías!

Paralenguaje

Esto es lo que decimos, pero no de manera verbal. Es decir, todos esos gruñidos, mmm y errr. Estos signos son bastante fáciles de entender en la mayoría de los casos, pero solo debemos recordar que debemos tomar nota de ellos.

Pero hay más, y vamos a verlos de inmediato...

Vocálica

La vocálica es el *estudio de la calidad vocal* de los hablantes. Y esto es enorme. Déjame contarte algunos hechos...

No todo el mundo tiene el mismo rango, tanto en el tono como en la expresividad (calidad real de la voz), pero todos tenemos más de un *registro* o *voz*. ¡Escuchemos tu "voz de niño"! Verás, tú también tienes diferentes voces. Ahora, haz tu "voz de regaño"... Has entendido.

La cosa es que algunas personas tienen un gran repertorio de voces. Imitadores por ejemplo, pero también muchos actores y otras personas. De hecho, puedes entrenar para conseguir nuevas voces...

Y luego está el rango real: algunas personas pueden subir y bajar la escala como los cantantes... Esto es lo que llamamos:

Tono

Exactamente lo mismo que con el canto, y exactamente lo mismo que con los cantantes. Algunos cantantes alcanzan muchas notas, otros alcanzan menos... La gente también. Algunos hombres pueden conseguir que sus voces lleguen a la soprano, rango que también utilizan al hablar, otros, en cambio, siempre suenan como un bajo o un barítono.

Usamos exactamente las mismas categorías que para los cantantes de ópera. Al final, cuando hablamos, también usamos notas. Y el tono es muy revelador...

- Si una persona tiene *un tono plano*, esto puede indicar aburrimiento, desinterés, cansancio o incluso (¡oye, oye!) depresión. Sí, uno de los primeros signos de depresión que nota la psicología es un tono monótono y plano.
- *Un tono bajo* tiende a proyectar autoridad, severidad y seriedad.

- *Un tono más alto de lo habitual* puede indicar lo contrario, cosas como alegría, empatía e informalidad o incluso vulnerabilidad, pero a veces se usa para burlarse de la otra persona (lo veremos en la sección de "timbre").
- *Un tono variado* por lo general acarreará el significado correctamente y, a menos que sea exagerado, proyectará competencia e interés al mismo tiempo. Ese es el tono de un buen maestro u orador público en general.
- *Un tono exagerado* puede indicarte que la persona no tiene el control total, tal vez simplemente debido a la emoción.

Pero lo más importante es que la persona *adapte el tono a las circunstancias.* No usas el mismo tono jugando con un niño o hablando en una reunión de la junta o en una fiesta de cumpleaños estando borracho o en un funeral, ¡espero!

Timbre

El timbre de voz es una de esas cosas que no se pueden medir matemáticamente, como muchas cosas en la música, por ejemplo "andante con brio". Y ese es el timbre cuando hablamos. Pero todos lo entendemos. Hay muchos timbres clave y áreas intermedias, así que, nuevamente, utilízalos como los puntos de una brújula en lugar de como cajas rígidas.

- *Fáctico*
- *Serio*
- *Juguetón*
- *Molesto*

- *Entusiasta*
- *Cálido*
- *Frío*
- *Cínico, sarcástico, irónico*
- *Indeciso*
- *Amenazador*

Estas son cosas que hay que tener en cuenta, un poco como los subtítulos de las películas... En realidad, no forman parte de la película en sí, pero nos ayudan a entenderla...

Funciones de la vocálica

Estas son funciones de comunicación. Déjame explicarte... Función es un término que proviene de la gramática y significa "por qué usamos esta forma". Por ejemplo, un verbo tiene una función, que es expresar una acción o un estado. Del mismo modo, un tiempo pasado tiene una función, que es hablar sobre algo que sucedió en el pasado, etc.

Pero cuando hablamos, nos ayudamos, nos contradecimos, interactuamos todo el tiempo. Entonces, necesitamos ver cómo lo hacemos *y con qué funciones*. Y estas son las principales:

- *Acentuar* es algo enfático, sirve para subrayar, resaltar e incluso estar de acuerdo o llamar la atención sobre un punto.
- *Regular*, lo que significa que cuando hablamos le damos señales a la otra persona acerca de tomar turnos o esperar. Estas son señales sobre la conversación en sí, un poco como señales de tráfico... Pero nos dicen las intenciones del hablante. Bajar la voz o disminuir la velocidad al final de tu

turno (seguido de contacto visual). O levantar la voz para decir "todavía estoy hablando", etc.

- *Contradecir*, esto es cuando usas tu entonación para decir, "quiero decir lo contrario". Significa "contradecir el mensaje verbal, las palabras que estás usando", no a la otra persona.

- *Sustituir* es cuando usas sonidos no verbales para reemplazar palabras (como el famoso "mmm" para significar "espera, necesito pensar").

- *Complementar*, que lo usas cada vez que agregas significado a una palabra (cualquier significado) usando tu voz. Este es el término más general. Por ejemplo, puedes decir "Amaría ir a París" con "amaría" pronunciado "amaríía", entonces estás expresando un anhelo, un fuerte deseo. Por lo tanto, estás complementando la palabra en sí (no contradiciendo, sino que agregando).

CRONEMIA

El tiempo también es importante, y la cronemia (otra palabra que suena griega) es la forma en la que usamos el tiempo al hablar. Por supuesto, esto también es parte tanto del análisis del lenguaje como del análisis del lenguaje corporal.

Ir rápido o lento, acelerar o reducir la velocidad, hacer pausas son elementos importantes del habla y del lenguaje corporal.

La idea general es que:

- *Si vas despacio, tienes confianza y tienes el control.*

- *Si vas rápido, muestras falta de confianza, interés o una señal de que estás tratando de "sacar todo de adentro" en lugar de "hacer que se entienda".*
- *Si reduces la velocidad, marcas algo que es importante.*
- *Si aceleras puede significar que no te interesa demasiado la conversación o que quieres terminarla, irte, etc.* (o tal vez el timbre está a punto de sonar).

Entonces *las pausas* son importantes:

- *Las pausas breves y regulares muestran confianza y competencia.*
- *Sin pausa en absoluto o pausas breves y poco frecuentes muestras lo contrario, falta de confianza.*
- *Las pausas largas muestran drama, importancia y una sensación de gran control.*

Y este último punto nos lleva a una observación importante. *Debes leer todo esto junto con los signos del lenguaje corporal.*

Por ejemplo, hagamos una pausa larga. Es algo muy difícil de lograr. Mantener la atención y estar en silencio es algo que solo los actores y actrices fenomenales pueden hacer durante más de unos pocos segundos.

Pero si durante la pausa el orador se ve tranquilo, tiene una postura segura e incluso puede mirar a su alrededor, eso demuestra que tiene a la audiencia literalmente encantada...

Si durante la pausa empiezas a buscar a tientas qué tienes en tus bolsillos, si miras tus papeles, etc.... apuesto a que la audiencia se quedará con una impresión totalmente diferente...

Y esto nos lleva directamente al siguiente capítulo... A veces, sí significa no y no significa sí incluso con palabras. Pero déjame hacerte una pregunta: ¿ocurre lo mismo con el lenguaje corporal?

POSITIVO VS NEGATIVO

E l bien contra el mal, el amor contra el odio, la luz contra la oscuridad son arquetipos de cómo pensamos y cómo vemos el mundo. Uno necesita al otro para definirse y, sin embargo, son todo lo contrario. La historia del pensamiento positivo vs negativo se remonta a los primeros filósofos griegos (Epicuro, por ejemplo) en Occidente, mientras que Oriente tiene toda una escuela de pensamiento basada en ello, representada por el Tao, ese símbolo de los opuestos que ha asombrado generaciones.

Gran párrafo inicial, pero ¿qué significa en términos prácticos y de lenguaje corporal? Seguro, ya hemos tocado este tema varias veces en este libro. Esto es natural porque es muy básico, pero también de gran alcance y omnipresente. Pero ahora es el momento de explorarlo a fondo. Además, este capítulo será útil para dos áreas de tus estudios del lenguaje corporal:

- Cómo leer el lenguaje corporal positivo y negativo.
- Cómo mantener un lenguaje corporal positivo.

Ahora, de hecho, has aprendido bastante sobre la lectura del lenguaje corporal y solo algunas cosas sobre cómo controlar tu propio lenguaje corporal. En los próximos capítulos, nos centraremos más en lo segundo...

Pero sin más preámbulos, ¡entremos en el meollo de la cuestión de inmediato!

CÓMO DISTINGUIR ENTRE EL LENGUAJE CORPORAL POSITIVO Y EL NEGATIVO

Hay dos formas principales de decir si el lenguaje corporal es positivo o negativo: el propio lenguaje corporal y las contradicciones. Veámoslos.

El lenguaje corporal en sí

Hay *signos del lenguaje corporal que son claros, únicos o principalmente negativos o positivos.* El movimiento de cabeza para expresar "no" es quizás el más claro y reconocido. Pero incluso decir no con los dedos es común. O mover las manos hacia adelante mostrando las palmas.

Estos son *emblemas y adaptadores* e incluso algo intermedio, como el gesto de las palmas hacia adelante. Suelen ser fáciles de identificar. Pero recuerda que el significado de "sí o no" es *solo literal.*

¿Qué queremos decir con esto? Que debemos recordar que a menudo decimos lo contrario de lo que queremos decir. Es el significado literal (y literario, pero también lingüístico) de la *ironía: decir una cosa pero queriendo decir otra.* ¡Y lo hacemos con nuestro lenguaje corporal también! Como la madre moviendo la cabeza, pero sonriendo que vimos hace unos capítulos...

Sin embargo, el punto clave que debemos llevarnos a casa es que *solo podemos usar la ironía con el lenguaje corporal voluntario.* Por lo tanto, al leer el lenguaje corporal, realmente debes prestar mucha atención a qué signos son voluntarios (y el significado se puede cambiar intencionalmente) e involuntarios (adaptadores, por ejemplo, pero también como sabes, movimientos oculares, respiración, etc.).

Sin embargo, para comprender si un signo ha cambiado de significado, debemos utilizar el segundo método:

Contradicciones

Siempre que haya una contradicción, uno de los dos términos debe ser positivo y el otro negativo. No hay forma de escapar de esto... Lo que tenemos que determinar entonces es solo qué signo es positivo y cuál es negativo... Eso parece sencillo en teoría, pero en la práctica no es tan fácil... ¿Por qué? En primer lugar, *¿dónde puedes encontrar contradicciones?* El problema no es que te resulte difícil encontrarlas... ¡Es que hay demasiadas en la mayoría de los casos!

De hecho, necesitarás ver la contradicción entre todos los "medios comunicativos" y "factores"... Permíteme explicarte:

- *Contradicciones en los signos del lenguaje corporal dentro de una persona.*
- *Contradicciones en los signos del lenguaje corporal entre los participantes* (la persona observada y los demás con los que está interactuando).
- *Contradicciones entre el lenguaje corporal y lo que la gente dice verbalmente.*
- *Contradicciones entre lo que dice la gente y cómo lo dice.*
- *Contradicciones entre el lenguaje corporal y el tema en sí* (hablar de niños con desprecio puede mostrar una contradicción entre un tema que deberíamos encontrar agradable y positivo y el lenguaje corporal...)
- *Contradicciones entre el lenguaje corporal y el contexto en su conjunto* (lenguaje corporal informal en una situación formal... Imagínate a un soldado que se escarba la nariz, o simplemente bosteza mientras recibe una medalla... Es una imagen estúpida, lo sé, pero te muestra cuán lejos podemos estar de lo que la situación espera de nosotros).

Por lo tanto, deberás encontrar dónde un signo choca con otro signo y buscarlos en todas partes. Pero luego tu tarea es averiguar cuál de los dos signos, positivo o negativo, representa la posición (entendida como mente, idea, opinión o sentimiento) de la persona que estás analizando...

¡Pero para aprender esto, tendrás que esperar hasta el próximo capítulo!

Ahora volvamos a nosotros mismos, apliquemos a nosotros mismos lo que sabemos sobre los signos positivos y negativos.

¿CON QUÉ FRECUENCIA MUESTRAS UN LENGUAJE CORPORAL POSITIVO Y NEGATIVO?

Somos mucho menos conscientes de nosotros mismos de lo que normalmente creemos. La mayoría de las personas están convencidas de saber exactamente cómo lucen, cómo se ven ante los demás... ¡Si tan solo pudieran verse a sí mismas en la cámara! ¿Te dije sobre lo de encorvarse? ¿Sabes que no me di cuenta hasta que me lo dijo un profesor de canto de ópera? Para para ese entonces ya era un adulto... Esto significa que pasé unos 30 años sin saber sobre mi propio lenguaje corporal negativo...

Mira a tu alrededor, da un paseo por las calles... Mira cuántas personas emiten un lenguaje corporal negativo y cuántas personas emiten un lenguaje corporal positivo...

De hecho, intentemos un pequeño experimento... Ve a una calle muy transitada cerca de donde vives y comprueba el lenguaje corporal positivo y negativo en las horas pico de un día laborable. Luego vuelve allí el fin de semana y haz lo mismo...

Lo más probable es que descubras que la caminata de la hora pico te dio una prevalencia abrumadora de lenguaje corporal negativo y la del fin de semana te dio más aspectos positivos...

LENGUAJE CORPORAL NEGATIVO

Hay muchos factores que nos hacen dar un lenguaje corporal positivo o negativo (y esto es una cuestión de "prevalencia", no de exclusión total de lo positivo o negativo):

- *Salud personal* (la explicación más obvia en muchos casos)
- *Estado mental*
- *Contexto* (agradable vs desagradable, estresante o relajante...)
- *Actividad* (un paseo tranquilo por el parque vs llegar tarde al trabajo)
- *Incluso el clima sacará a relucir un lenguaje corporal positivo o negativo...*

Estos son factores que te pido que tengas en mente para el próximo capítulo, que está estrictamente relacionado con esto... Por ahora, sin embargo, esto debería probar una cosa:

- Si de todos estos factores, tu intención es sólo una parte (y ni siquiera la totalidad) de un punto, "estado de ánimo", ¡la mayoría de los signos del lenguaje corporal positivos y negativos están determinados por factores independientes de nuestra voluntad!

Pero hay otra derivación a partir de esto, otra conclusión que podemos sacar: *si muestras un lenguaje corporal negativo, no te sientas culpable por ello.* No es "tu culpa"; el contexto, las actividades repetidas, etc. literalmente entrenan nuestro cuerpo para emitir signos negativos de lenguaje corporal. El encorvamiento es quizás lo más ejemplar una vez más...

Un encorvamiento generalmente se desarrolla durante años. Día tras día, utilizas una postura negativa hasta que esta "se siente natural y neutral" para ti y ni siquiera te das cuenta de que lo estás haciendo. En cambio, esto siempre parecerá negativo para las personas que te vean...

Imagínate ahora que estás comenzando un curso de actuación... Comenzaremos con "limpiar la pizarra" o "despejar el espacio"... Antes de comenzar a corregir nuestro lenguaje corporal, debemos eliminar el lenguaje corporal negativo... Y para eliminar el lenguaje corporal negativo necesitamos tomar conciencia de ello.

Ahora, tómate el tiempo que necesites. Pero esta vez te pediré que consigas un pequeño cuaderno y un lápiz y los tengas contigo todo el tiempo. Durante una semana o cuando los necesites. En este cuaderno, te pido que *anotes todos tus hábitos negativos de lenguaje corporal.* Para averiguarlos puedes:

- Grábate a ti mismo o pídele a un amigo que te grabe, especialmente en un momento en el que no te des cuenta.
- Mírate en los espejos y escaparates cuando camines por la calle. Trata de "sorprenderte a ti mismo"... quiero decir, cada vez que veas un espejo, mírate como si estuvieras sorprendido, sin corregir tu postura, etc.... Lo hice, y todavía lo hago mucho... Esto también es muy útil cuando estás corrigiendo tu lenguaje corporal.
- De vez en cuando, detente; cambia tu enfoque de lo que estés

haciendo hacia tu cuerpo y examínalo en busca de signos negativos del lenguaje corporal (especialmente la postura con este ejercicio). Sin embargo, ¡no hagas esto cuando estés conduciendo!

- Pregúntales a tus amigos o familiares. Diles que sean honestos. Siéntate y explica: "Necesitas ser un verdadero amigo. Honestamente, dime la verdad..." luego pregunta acerca de la postura, las expresiones faciales, etc.... revisa toda la lista y anota las cosas que pueden ser negativas. Usa tu discreción. Es posible que tu amigo también te diga cosas que le ponen de los nervios por motivos personales, pero que no son necesariamente un lenguaje corporal negativo.

Una vez que sepas qué signos necesitas eliminar de tu lenguaje corporal, podemos pasar a la siguiente fase... eliminarlos.

Eliminando el lenguaje corporal negativo

Como puedes imaginar, esto puede llevar algo de tiempo. Por lo tanto, cuanto antes empieces, mejor.

En primer lugar, *comienza con el más notorio*. En particular, comienza con la *postura*. A estas alturas ya sabes que es el signo de lenguaje corporal más notable. Y tu mejor amigo aquí es un *espejo*:

- Todos los días al despertar mírate en el espejo y adopta una postura correcta, abierta y erguida.
- Fíjate recordatorios para controlar tu postura durante el día (usa ese tono de llamada).

- Cuando llegues a casa por la noche, nuevamente, ve al espejo y corrige tu postura.
- Hacer algo de estiramiento y ejercicio físico puede ayudar mucho a corregir tu postura.

Debes notar que *una vez que corrijas tu postura, muchos otros signos negativos deberían desaparecer.* De hecho, muchos de ellos son consecuencia de la postura, incluido tu modo de andar, la forma en que miras a las personas (directamente, desde abajo o desde arriba...), qué tan abiertos son tus gestos, etc.

Luego, elige un signo a la vez, optando por los grandes o los que más te desagraden. Uno por uno, pasa unos días corrigiéndolos con un método similar, hasta que te sientas seguro de que puedes pasar al siguiente.

Una vez que hayas "nivelado" los primeros aspectos negativos importantes del lenguaje corporal que muestras habitualmente, es hora de pasar a la siguiente fase, *presentar y mostrar un lenguaje corporal positivo.*

Lenguaje corporal positivo

Para empezar, desarrollar y construir un lenguaje corporal positivo no significa ser "deshonesto". En la mayoría de los casos, *significa alinear tu lenguaje corporal con tu personalidad real.* La mayoría de nosotros *somos* personas positivas, pero simplemente no lo parecemos.

Una vez más, *¡comienza con tu postura!* Si has seguido los ejercicios hasta ahora, ya has comenzado a corregir tu postura. Pero hay más para corregir que simplemente eliminar los signos negativos...

¿Qué te parece si vemos dos conceptos que la gente a menudo confunde para aclarar este punto? "Confianza" y "ser mandón". Una vez que hayas eliminado los signos de "falta de confianza" (como encorvarse, hacerse pequeño, evitar posiciones frontales, etc.) puedes construir una nueva "imagen" de ti mismo. Desafortunadamente, especialmente en el mundo empresarial, la idea de "mandón" se ha convertido en un reemplazo de "seguro".

Incluso puedes ver esto en un cambio general entre políticos... Ellos solían estar de pie y parecer confiados, en control, autoritarios, *pero no agresivos.* En cambio, entre muchos políticos hoy en día, la actitud que ves es la del matón (que, como sabes, es todo menos seguro de sí mismo). Mucho "pecho listo para pelear" y puños y actitud de cierre hacia la audiencia...

Debes elegir qué imagen de ti mismo deseas proyectar. Esto es literalmente como construir un personaje para un actor o actriz... Verás, las buenas actrices y actores "nivelan su personalidad real" y agregan todos los rasgos del personaje que necesitan encarnar, interpretar y traer a la vida.

Estudia cómo los actores y actrices cambian su forma de andar, su postura e incluso sus expresiones faciales con cada nuevo personaje. Aquí estoy hablando de profesionales.

Pero esto nos lleva a otro truco... Elige a una persona que admires. Podría ser una persona famosa, un amigo o un familiar... *Estudia el lenguaje corporal de esa persona:*

- ¿Cómo la describirías en pocas palabras?
- ¿Cuáles son los rasgos clave de su lenguaje corporal? Elige unos cuantos.
- ¿Puedes intentar imitar a esa persona?

La imitación es un método de aprendizaje muy profundo... Aprendemos a hablar imitando a nuestros padres. Lo que te estoy pidiendo que hagas es que *elijas un modelo a seguir de lenguaje corporal* e *introduzcas algunos rasgos de ese lenguaje corporal en el tuyo.* No todos, aquí no estamos en el negocio de la clonación.

También ten en cuenta que lo que puede verse bien en una persona puede no verse bien en otra. Entonces, sé autocrítico y prepárate para cambiar en cualquier caso...

Para la expresión facial, el mejor ejercicio es *hacer caras en el espejo.* Incluso las expresiones faciales son habituales, y reducimos el rango de expresiones cuando estamos estresados, tenemos una vida monótona; siempre se nos juzga (¡incluso en el trabajo o en la escuela!)

El hecho es que una persona con una amplia y libre gama de expresiones faciales llegará lejos... Y como de costumbre, no me refiero solo a los negocios, sino que también a las relaciones personales. Hacer caras es como "estirar la cara". Esto ejercita los músculos que luego usamos (a menudo inconscientemente) para producir expresiones faciales.

Las expresiones faciales atrevidas y expresivas se vuelven más simples y mejor marcadas si entrenas y construyes los mismos músculos que las producen. Esto al mismo tiempo tiene un "efecto de puerta trasera", lo que significa que al mismo tiempo tendrás más confianza. El hecho de que te expreses con confianza literalmente construye tu fuerza interior.

Luego, elige algunos signos importantes del lenguaje corporal que desees introducir y trabaja en uno a la vez... Una vez más, el espejo es tu mejor amigo aquí. Reproduce pequeñas escenas frente a él, y si lo haces regularmente, *interiorizarás este gesto*. Entonces, cuando sea útil en una situación cotidiana normal, saldrá naturalmente.

Unas pocas señales son suficientes para cambiar la perspectiva general que la gente tiene de ti y, en cualquier caso, cómo proyectas tu personalidad...

Positivo y negativo, verdadero y falso

Llegando a una conclusión, ahora sabes cómo distinguir entre lo positivo y lo negativo, pero también cómo construir un lenguaje corporal más positivo para ti. Y esto está estrechamente relacionado con lo que viene a continuación: todo un capítulo para desarrollar tus habilidades para decir mentiras y parecer sincero.

11

¡MENTIROSO, MENTIROSO, CARA DE OSO!

E n realidad, las caras de los osos *no son* una forma confiable de saber si alguien te está mintiendo... Créeme, hay formas mucho mejores, y ya conoces algunas. Lo más importante es que dijimos que las mentiras no se detectan con un solo signo del lenguaje corporal (como tocarse la nariz, eso es un mito), sino al leer muchos signos en contexto y compararlos con las palabras dichas.

La dimensión verdadero/falso de nuestra comunicación (tanto verbal como no verbal) es tan grande y compleja que necesitamos todo un capítulo para explorarla. ¡Y de eso se trata esto!

¿POR QUÉ MENTIMOS? ¿ES SIEMPRE INTENCIONAL?

La mayoría de nosotros hemos mentido en algún momento de nues-tras vidas. La mayoría de nosotros lo haremos de nuevo. Mentir se considera "poco ético", "incorrecto", "repugnante" e incluso "un pecado" en términos religiosos, pero está tan extendido y es tan común que, detrás de esta condena pública, *la mayoría de las sociedades, especialmente las occidentales, en realidad toleran la mentira (hasta cierto punto) detrás de escena.*

Actualmente incluso se promueve la mentira. Hace solo unos años, un político que fuera sorprendido mintiendo incluso sobre un tema menor se vería obligado a renunciar. Hoy en día, los políticos mienten abiertamente, y algunos incluso son estimados por ello; la idea de que lo único que importa es "llegar a la cima" y "burlar a los demás" realmente ha tenido importantes efectos negativos en nuestra brújula moral.

Entonces, ¿por qué mentimos? No hay una razón específica, pero podemos comenzar con un factor facilitador (en lugar de un motivo): *está implícitamente tolerado por la sociedad y cada vez lo está más.* Pero si bien esto puede dar "pasaje" para mentir a algunas personas, no nos dice por qué deciden mentir en primer lugar...

Y las razones son muchas... Para empezar, *¿cuándo mentir es realmente mentir?* No he perdido la cabeza... Déjame darte un ejemplo:

- ¿Miente un niño que cuenta una historia?
- ¿Miente un escritor que escribe una novela de ficción?
- ¿Miente un profesor que está dando una explicación simplificada para que sea accesible?
- ¿Mientes cuando recuerdas "creativamente" para llenar los vacíos de tu memoria con "lo que crees que sucedió"?

Con respecto al primero, creo que podemos estar de acuerdo... Pero este hábito puede continuar hasta que seas un adulto, y algunas personas pueden terminar *literalmente sin estar seguras de qué es verdad y qué no*. Para estas personas, decir una mentira es como decir la verdad. Estos son llamados *mentirosos patológicos*. Por supuesto, no son muchos, y padecen una enfermedad mental muy grave.

Pero las personas pueden convencerse a sí mismas de que lo que dicen es cierto de vez en cuando... Sucede, ya sea porque no lo recuerdas bien o porque en ocasiones nos mentimos a nosotros mismos...

Esto sucede muy a menudo cuando es cuestionada la brújula de la vida de las personas, sus creencias básicas, su ideología, entre otros. Imagínate al famoso obispo que se negó a mirar por el telescopio de Galileo. Verás, para él la elección era: cambiar todo lo que alguna vez había creído o mentirse a sí mismo una vez más. Sin embargo, no es una elección consciente... es subconsciente. Y la mayoría de nosotros lo hacemos con bastante frecuencia.

Esto conduce a un *sesgo cognitivo*, lo que significa que hay una diferencia entre lo que inconscientemente sabes que es cierto y lo que conscientemente dices que es cierto. La mayoría de *los prejuicios se pueden leer como sesgos cognitivos*.

Incluso en este caso, la mayoría de la gente ni siquiera se da cuenta de que está mintiendo, porque se está mintiendo a sí misma.

Pero hay muchas más razones por las que la gente miente, incluso por razones prácticas:

Mentimos para rechazar el interés, por ejemplo. Si un extraño te pregunta: "¿Cuánto tienes en tu billetera?" Lo más probable es que respondas con una mentira, especialmente si tienes una gran suma. ¿Por qué? Estás *"dando una señal roja" a la otra persona;* estás diciendo, "Esto no es asunto tuyo".

Esto es muy común en tiendas y comercios. Mucha gente responde con una mentira a un vendedor o dependiente insistente. "¡Vamos, compra estos calcetines, están rebajados y son de alta calidad!" ¿Qué dirías? "¡Deja de molestarme, tonto!" o de forma más inocente (pero falsa), "No gracias, ¡ya los tengo!" Un mentiroso creativo y descarado podría decir: "¡Nunca uso calcetines, gracias!"

En estas situaciones, se detecta la mentira. Ni siquiera esperas que el dependiente te crea, ¿verdad? Solo deseas darle un callejón sin salida en la conversación, una señal de "acceso denegado"...

Mentimos para ayudar a la gente, y estas son mentiras piadosas. La mayoría de la gente piensa que las mentiras piadosas son las únicas aceptables. Pero "aceptable" es un valor sociocultural, y yo diría que la sociedad acepta también el tipo de mentiras anteriores.

Mentimos porque tenemos miedo. Este es un hábito que adquirimos en la escuela o en la niñez. Tenemos miedo de las consecuencias de decir la verdad, por eso mentimos. "¿Te comiste el trozo de pastel que le dejé a tu hermana, Charlie?" y, por supuesto, la respuesta es "¡No, vino un ratón y se lo llevó!"

Esto simplemente se vuelve más sofisticado, mejor perfeccionado, más "profesional", pero para muchos de nosotros sigue siendo una *técnica de supervivencia* en nuestra vida adulta y especialmente profesional. El hecho de que en muchos lugares tu lugar de trabajo sea un entorno muy competitivo, hace que estas mentiras se vuelvan muy comunes.

Y no solo esto, sino que también vemos a menudo que *para quienes tienen carreras profesionales ya bastante aceleradas, ¡mentir en sí mismo se convierte en una ventaja!* La gente miente para ganar dinero. Muy simple...

Aquí ciertamente llegamos a lo contrario de los que mienten compulsivamente. Las personas que mienten por egoísmo lo hacen de manera plenamente consciente, ¡al principio! Como todos los hábitos, puede *internalizarse y naturalizarse y, por lo tanto, volverse subconsciente.* Y luego te conviertes en un mentiroso compulsivo. Es un círculo.

Pero hay más... ¿Qué tal nuestro último caso, el de "llenar los espacios en blanco" con un poco de imaginación? ¿Es mentir?

Ciertamente lo es si estás dando una declaración de testigo en la corte. Pero este es un legado de nuestra experiencia infantil. Contar historias (imaginativas) es parte no solo de crecer, sino de encontrar tu lugar en la sociedad.

Piensa en tus primeros años en la escuela, en la primaria... ¿Recuerdas a ese amigo que siempre tenía historias increíbles que ahora suenan como cuentos de hadas? ¿Recuerdas también lo popular que era?

Hay personas que mantienen esta afición por "colorear" sus historias hasta la edad adulta, un poco como hacen los comediantes cuando cuentan un chiste... De nuevo, ¿hasta qué punto es aceptable? Es difícil establecer una regla general sobre esto...

Es importante destacar que también existen problemas clínicos. Las personas con cualquier forma de *demencia* pueden usar este mismo método de *"llenar los vacíos"* para dar sentido a lo que están recordando y diciendo. Si conoces a alguien con demencia, lo habrás notado. Dicen algo verdadero y luego insertan algo que es completamente falso. Por supuesto, esto es aceptable.

Pero nos lleva a otro caso: *la gente miente porque su memoria está mal.* Con episodios irrelevantes, pero también dolorosos, el tiempo nos juega en contra... Con los años, nuestra memoria empieza a cambiar. En la mayoría de los casos, tendemos a recordar las cosas en una "mejor versión" de la realidad. Este es un mecanismo de autodefensa con recuerdos dolorosos... A veces, sin embargo, ocurre lo contrario.

Un fenómeno muy curioso es que las personas a menudo recuerdan estar en el lado correcto de una discusión cuando en realidad estaban en el lado equivocado en ese momento... Una especie de "te lo dije" en retrospectiva...

Y luego hay casos en los que *la gente miente sin saber realmente por qué.* La mentira simplemente sale de su boca, a menudo cuando responden apresuradamente o bajo presión. Se dan cuenta de que... bueno, es como si alguien dentro de ellos les hubiera adelantado la respuesta y les hubiera dicho una mentira... ¿Y qué pueden hacer? En la mayoría de los casos, se sorprenden, se dan cuenta de que mintieron y fingen que no ha pasado nada. Más raramente, la gente se corrige a sí misma.

Luego, por supuesto, tienes a aquellos que te mienten con malas intenciones, como sacarte información, sacarte dinero, robarte tus ideas, etc. Y estos, por supuesto, son los principales a los que debemos prestar atención.

Entonces, no, mentir es en muchos casos totalmente subconsciente. En algunos casos, la gente piensa que está diciendo la verdad (pero es mentira), en otros casos la gente miente pero no se da cuenta de que está mal, y luego están los que mienten solo porque quieren...

7 FORMAS DE DETECTAR A UN MENTIROSO

Como de costumbre, necesitamos algo de teoría para ver el panorama general, pero también queremos ver algunos consejos prácticos. Sin embargo, antes de seguir adelante, a riesgo de sonar repetitivo... vamos a ver 7 señales que pueden *hacerte sospechar que alguien está mintiendo*. Pero lo más importante es que *ninguno de estos por sí solo te dirá que la persona está mintiendo.*

Sé profesional, mantente atento a estos signos, pero luego *mira siempre el lenguaje corporal como un todo, recopila tantos signos como sea posible y basa tu evaluación en el conjunto, no en el signo individual, y finalmente compara los signos con las palabras reales de la persona.*

1. *Falta de contacto visual;* esta es, sin duda, una de las mejores formas de saber si alguien está diciendo la verdad o está mintiendo. ¡Pero cuidado! ¡Algunas personas pueden ser tímidas! ¿O tal vez no confían en ti?

2. *Cambio repentino de la posición de la cabeza;* esto puede indicar un cambio repentino de pensamiento. Comparado con lo que dice la persona, puede revelar una contradicción. Este signo es especialmente útil en lecturas, conferencias, presentaciones, etc.

3. *Rigidez;* una postura muy rígida, nerviosa y estática puede indicar mentira. Mentir en general nos pone tensos, y eso también significa físicamente. De hecho, los detectores de mentiras también monitorean los músculos... Pero recuerda leer todo en contexto... Si tomáramos esta regla como absoluta, concluiríamos que nuestra antigua conocida, la Reina, ¡nunca ha pronunciado una palabra honesta en su vida!

4. *Cubrirse la boca;* esta es una reacción instintiva cuando te das cuenta de que dijiste algo mal, y puede ocurrir cuando alguien miente. Pero de nuevo, cuidado, *no solo ocurre cuando estás mintiendo.* También puede expresar incertidumbre, incluso preocupación o un cierre al hablante.

5. *Labios tensos;* los labios tensos suelen mostrar, como has adivinado, malestar con respecto a las palabras que dices. Y la señal más detectable de esto es cuando las personas *fruncen los labios.* Una vez más, también puede significar que algo es difícil de decir, no necesariamente una mentira.

6. *Cambio repentino de respiración;* la respiración es a menudo involuntaria, y si de repente te pones nervioso, ansioso, etc., necesitarás más oxígeno para calmarte, y por ende tu respiración se acelera automáticamente. Sin embargo, esto debe ser bastante repentino o es más probable que se deba a otras razones. Además, la respiración puede cambiar de ritmo debido a otros factores: ansiedad generalizada, estrés, calor, deshidratación, etc.

7. *Nerviosismo frecuente;* esto parece bastante inespecífico, pero en realidad es un signo. Todos los cambios repentinos de comportamiento, movimientos, pequeños espasmos y signos de nerviosismo son signos claros de preocupación y pueden ser signos de mentira.

Verás, el punto es que generalmente nos sentimos cómodos con la verdad y la persona promedio se preocupa cuando miente. Pero hay mentirosos patológicos que mienten "con la cara impávida" como decimos informalmente. Afortunadamente, los mentirosos patológicos son relativamente raros, e incluso emiten señales a los observadores expertos. Los políticos, por ejemplo, pueden evitar enfrentarse al público con el pecho y voltearlo hacia los lados... Eso podría indicar que están conscientes de estar mintiendo.

De hecho, como señal extra...

Cubrirse las partes vulnerables; el político que esconde su pecho está tratando de proteger una parte vulnerable (su corazón y otros órganos vitales). Del mismo modo, las personas se cubren el cuello, a veces los ojos, el vientre, etc. cuando se sienten amenazados. Mentir y ser atrapado es una amenaza, ¿no es así? Sí, porque serás juzgado, etc. Entonces, la expectativa de ser juzgado y atrapado te hace proteger una parte vulnerable.

IDENTIFICA EL TIPO DE MENTIROSO AL QUE TE ENFRENTAS

Hemos visto que hay muchas razones para mentir. Sorpresa, sorpresa, también hay diferentes tipos de mentirosos. Las categorías de mentirosos (taxonomía de mentirosos, si quieres impresionar a tus amigos con un término técnico) dependen en parte del motivo de la mentira, pero también están determinadas por patrones de comportamiento al mentir.

Estos pueden incluir factores como la frecuencia con la que miente la persona, la facilidad con la que miente, etc.... En general, podemos agruparlos en 6 categorías.

1. *Mentirosos compulsivos;* estos son los mentirosos incondicionales, personas que mienten constantemente y con una actitud de que ni siquiera les importa si descubres que están mintiendo. Para muchos de ellos, lo importante es que escuches sus mentiras. Algunos políticos son así y también muchos estafadores: ante una gran audiencia, saben que alguien les creerá. No les importa en absoluto si los demás los descubren.

Dicho esto, *los mentirosos compulsivos son fáciles de detectar. Muestran una amplia gama de signos del lenguaje corporal que sugieren que están mintiendo.* Evitarán el contacto visual; tienden a alejarse de las personas con las que están hablando, etc.

Es más, también son fáciles de encontrar a través de lo que dicen: sus historias no cuadran y, a menudo, se vuelven inverosímiles. En realidad, cuanta más gente les da comentarios positivos, más exageradas se vuelven sus mentiras.

Hay dos tipos de mentirosos compulsivos, *mentirosos narcisistas* y *mentirosos habituales.*

> **a. Los mentirosos narcisistas** mienten porque quieren atención. Suelen ser narradores de historias y añaden y embellecen sus historias con detalles falsos. Básicamente, son como esos niños que son populares entre sus compañeros porque "cuentan historias", sólo que son adultos y deberían ser más conscientes.
>
> **b. Los mentirosos habituales** son simplemente personas que mienten todo el tiempo por costumbre. Cambiamos y podemos aprender cualquier mal hábito si "entrenamos" (aunque sea de mala gana) el tiempo suficiente. Y estas son personas que han sido criadas mintiendo todo el tiempo y simplemente les resulta natural, como para un bailarín es natural hacer splits y no para nosotros... Cuando se trata de los mentirosos habituales, es muy difícil rastrear la razón por la que mienten. De hecho, en muchos casos, no hay razón alguna...

2. Los mentirosos patológicos no son mentirosos compulsivos porque no lo hacen todo el tiempo por hábito o búsqueda de atención. Ellos *responden a los estímulos mintiendo.* Mienten constantemente, pero no indiscriminadamente.

De todos los mentirosos, *los mentirosos patológicos son los más difíciles de descubrir.* Esto se debe a que se han acostumbrado tanto a mentir que muestran muy pocos signos. Estos son los que "mienten con la cara impávida". A menudo permanecen sin ser detectados durante largos períodos de tiempo, y lo usarán a su favor.

De hecho, a menudo, tendrán buenas carreras en entornos competitivos. Seguramente puedes adivinar cómo... mintiéndole a tu jefe y mintiéndote a ti... Y manteniendo esa cara seria que oculta todas tus mentiras durante años...

Hay una hermosa palabra técnica para esta *pseudologia fantasica* (palabras en latín para "pensamiento falso fantasioso" o "argumento falso fantasioso")...

3. Mentirosos sociópatas; ¡estos son peligrosos! Ellos también tienden a ser mentirosos patológicos. Sin embargo, se les clasifica como mentirosos sociopáticos porque caen dentro de una condición mental mucho más grave: la sociopatía (la psicopatía es similar), lo que significa que *no tienen la capacidad de sentir empatía.* ¿Qué significa eso? Que no comprenden en absoluto los sentimientos de otras personas. Estos pueden ver literalmente a una persona siendo torturada y no sienten *nada en absoluto* en casos graves.

Los sociópatas y psicópatas también mienten mucho. Lo hacen porque solo ven a las personas como "objetos" o "cosas para explotar" y son

MENTIROSO, MENTIROSO, CARA DE OSO! | 181

incapaces de pensar en el bien de otras personas. Lo hacen para beneficiarse.

Desafortunadamente, no sentirán nada cuando mientan aparte de los riesgos para ellos mismos. Déjame explicarte... No se ponen tensos por el hecho mismo de que están mintiendo y tampoco se sienten incómodos con ello. No les importa. Por ellos, incluso podrías morir allí mismo. Solo tienen miedo de que puedas atraparlos.

Esto significa que es posible que no tengan todos los signos de los grandes mentirosos, a pesar de ser ellos mismos grandes mentirosos. Pero pueden mostrar más señales de "proteger partes vulnerables", como girar hacia los lados, etc.

Pero hay un truco para descubrir si estás tratando con un sociópata o psicópata... *Comprueba su reacción a las emociones. Si no tienen ninguna, es un indicador muy claro.* Mira las reacciones a los estímulos emocionales... Ellos fingirán preocupación (y son malos en eso porque no lo entienden), o incluso lo acortarán y mostrarán inquietud por "ser puestos en un aprieto".

¿Y si no hay señales? ¡Tira una pequeña trampa! Diles que te sientes muy incómodo con algo que están diciendo y obsérvalos. No obtendrás ningún signo de participación emocional real en el lenguaje corporal... Y recuerda, estas personas son muy peligrosas. No es una hipérbole. Arruinarán la vida de cualquiera sin remordimientos.

4. *Mentirosos descuidados;* esta es otra mala categoría de mentirosos. A menudo son la causa de relaciones rotas... Espero que nunca hayas tenido una historia con uno de estos en tu vida, pero si es así, estoy seguro de que ya entiendes de qué tipo de persona estamos hablando.

Estas personas mentirán, y de hecho, descuidadamente, como si no importara en absoluto. A menudo incluso tienen valores morales en la vida, pero cuando necesitan mentir, de repente no sienten nada por estos valores. Estas son las personas típicas que te mentirán sobre las relaciones extramatrimoniales, por ejemplo. O aquellos que pueden mentirte sobre dónde han estado, etc.

A pesar de mentir descuidadamente, muestran señales. Por ejemplo, se pondrán nerviosos (intranquilos, en postura cerrada, incluso levantarán la voz) e incluso se pondrán inquietos o agresivos tan pronto como pongas a prueba sus mentiras. Verás, te mienten y piensan que se salieron con la suya y que debes creerles. ¡No esperan que no confíes en ellos!

5. *Mentirosos ocasionales; suelen ser malos mentirosos,* pero también son muy comunes. Todos mentimos ocasionalmente. El hecho es que *se arrepienten de haber mentido la mayoría de las veces y muy rápidamente.* En realidad, es prácticamente imposible que un mentiroso ocasional no tenga dudas y problemas morales acerca de su mentira, aunque sea pequeña.

Son muy fáciles de detectar porque mostrarán generosamente que han mentido con su lenguaje corporal. Pero lo que es más, al igual que con los niños que mienten, después de mentir, tanto su lenguaje corporal como su comportamiento suelen cambiar.

6. *Mentirosos de mentiras piadosas;* quería cerrar con una nota positiva. Las mentiras piadosas son buenas mentiras. Y quienes dicen

mentiras piadosas lo hacen por tu propio bien, así que, tal vez junto con algunos signos de mentira, también veas signos de *empatía e incluso de protección*, como una mirada cálida, palmas hacia ti, etc....

Los buenos mentirosos de mentiras piadosas, si quieres convertirte en uno, también mantienen un contacto visual constante, el cual es reconfortante pero "refractor". Te lo explicaré, saben en su corazón que lo están haciendo por ti, entonces te mirarán a los ojos y te expresarán amor y cariño, pero al mismo tiempo, te invitarán a no indagar demasiado. El simple hecho de repetirte a ti mismo "Lo estoy haciendo por ti" al mirar a los ojos de la persona tendrá un efecto.

Sin embargo, este efecto puede terminar haciendo que la persona note que estás mintiendo, pero que lo estás haciendo por su bien... No puedes mentir con tus ojos...

AQUELLOS QUE YACEN DETRÁS DE LA SEGURIDAD DE UNA PANTALLA

El tema de las *fake news* y la desinformación no puede ser más actual. Bien puede ser uno de los mayores problemas que enfrenta el mundo democrático en este momento. No estamos aquí para hacer una lista completa de fuentes confiables y no confiables, aunque supongo que ya tienes tus propios favoritos y menos favoritos.

Pero este tema se fusiona en parte con nuestro campo... Para empezar, *no se puede analizar el lenguaje corporal de alguien que está escribiendo un correo electrónico o una publicación de Facebook. ¡O incluso un artículo periodístico para ser correcto!* Esa es una desventaja.

Además, como sugiere el título, *estar detrás de una pantalla es más fácil. La gente simplemente se siente más segura haciéndolo.* Quizás te preguntes por qué...

- La persona a la que le están mintiendo no está presente.
- Pueden verificar lo que escriben, mientras que si mientes cara a cara, solo tienes una oportunidad...
- La gente suele leer estas publicaciones y mensajes muy rápidamente.
- La plataforma en sí (redes sociales, etc.) da credibilidad... el síndrome de "Lo leí en Facebook"...
- Con la tecnología moderna, puedes preparar evidencia falsa (imágenes retocadas con Photoshop o incluso enlaces a otras fuentes mentirosas).

Entonces, ¿qué podemos hacer al respecto? Responderé a esto con otra pregunta: ¿están estas personas totalmente exentas de esa "vergüenza mentirosa" que aparece en el lenguaje corporal?

La respuesta es que en la mayoría de los casos no. Verás, se sienten protegidos, ¡pero todavía sienten un nivel de inquietud!

Y esto luego se traducirá en comportamiento. De acuerdo, no es lenguaje corporal, pero está relacionado, contiguo de alguna manera... Y aquí hay algunas cosas que puedes tener en cuenta:

- *¿Qué tan creíble es la cuenta en sí?* Una cuenta no es una persona, pero muchos de los difusores de noticias falsas también usan cuentas falsas. Algunos son fáciles de detectar.

Algunos ni siquiera tienen una foto de perfil. Algunos tienen una función. Algunos repiten las mismas palabras una y otra vez.... Pero esto aplica principalmente a cuentas pequeñas. Estas tienen una sola función, y es "generar masa". Las cuentas líderes más grandes se verán más creíbles.

- *Si la cuenta es real, ¿es confiable?* Hay cuentas famosas que difunden noticias falsas. Si tú eres un usuario de las redes sociales, ya conocerás bastantes. Si eres nuevo, ten mucho cuidado cuando te unas.

- *¿El texto usa el pronombre en primera persona?* Incluso al escribir, nos sentimos incómodos al "ponernos en la mentira". Por lo tanto, muchos mentirosos evitarán decir "yo" y "mí" y, a veces, incluso "mi" y "mío" ("mi" es un adjetivo posesivo, no un pronombre para ser exactos...). Sin embargo, esto será más común con los mentirosos menos experimentados. Los muy experimentados pueden incluso hacer todo lo contrario. ¿Por qué? Saben que estos pronombres inspiran confianza.

- *¿Repiten algunas palabras clave?* Con esto queremos decir, ¿solo están difundiendo un *hashtag*? ¿O una palabra clave para transmitir un mensaje? Algunos incluso repiten el texto exacto como otros, pero cuando ves que alguien está repitiendo una frase una y otra vez, significa que está intentando implantar una idea en tu cerebro... Eso es en sí mismo un signo de deshonestidad.

- *¿Son específicos o generales?* A veces, las declaraciones son tan generales que serán muy poco convincentes. Verás al que te cuenta de su primo que... Se han vuelto inteligentes, ¿ves?

Saben que esto parecerá digno de confianza. Ponlos a prueba entonces. Pide más y más detalles hasta encontrar contradicciones.

Por otra parte, con la palabra escrita, las estrategias clave siguen siendo las anticuadas:

- *Verifica la lógica detrás del texto.* Necesitas encontrar errores en los procesos lógicos, contradicciones, razonamientos falsos, etc.
- *Consulta con otras fuentes.* Mira puntos de vista opuestos. ¡Pueden ayudarte mucho!
- *Verifica la fuente u origen de lo que se está diciendo.* ¿Alguien te dice que hay agua en Marte? Consulta con una fuente científica al respecto (por cierto, ¡hay e incluso en la Luna!)

Finalmente, usa el sentido común. No, es muy poco probable que un pariente lejano en un país que nadie de tu familia ha mencionado jamás te haya dejado una fortuna. Sin embargo, muchas personas se enamoraron de esos correos electrónicos...

Nunca confíes en las personas que hacen el primer contacto y proponen un trato o piden dinero...

DE LA MENTIRA A LA EXPRESIÓN

Entonces, analizamos las razones por las que la gente miente, diferentes tipos de mentiras y mentirosos. Pero también analizamos cómo puedes detectar a las personas que mienten e incluso con qué tipo de mentiroso estás tratando. Y también nos sumergimos en un campo hermano, la lingüística aplicada a la mentira con palabras escritas.

A continuación, profundizaremos aún más en el ámbito del lenguaje corporal... ¿Estás listo para sumergirte en lo que manifiesta tu cuerpo?

12

LA LECTURA RÁPIDA DE LAS
PERSONAS

¿**H**as oído hablar de la lectura rápida? Estoy hablando de palabras aquí. Si lees palabra por palabra, como hace mucha gente, tu velocidad se limitará a unas 140 palabras por minuto. "No está mal", podrías pensar, pero espera a escuchar lo rápido que puede leer el lector más rápido del mundo... Howard "Speedy" Berg está en el *Libro Guinness de los récords* de lectura (y comprensión)... 80 páginas en un minuto. ¡Eso es aproximadamente 25,000 palabras!

Y el primer concepto de lectura rápida es leer oraciones completas de una vez en lugar de palabras individuales. Lo mismo se aplica a la lectura del lenguaje corporal... Si lees un signo a la vez, serás mucho más lento que *si observas grupos enteros*. Y he revelado un "secreto comercial" de la lectura rápida del lenguaje corporal.

Puede que la diferencia no sea tan grande como con las palabras, pero nunca lo sabremos... ¿Adivina por qué? La mayoría de los lectores de velocidad del lenguaje corporal trabajan para los servicios de inteligencia...

¿POR QUÉ LEER RÁPIDO A LAS PERSONAS?

El hecho es que, el personal de la policía, el personal del ejército, los agentes secretos y los agentes fronterizos están capacitados para leer rápidamente el lenguaje corporal, simplemente porque lo necesitan en sus trabajos... Ahora, imagínate si tienes que identificar a un posible terrorista o amenaza al tiempo que pasas por la aduana en el aeropuerto... No tienes todo el tiempo que tendrías en una conferencia, en una reunión de la junta o en un mitin político...

Realmente tienes minutos, en realidad segundos, a veces en cámara, para leer el lenguaje corporal. Si hubieras visto cómo se ha utilizado la lectura rápida del lenguaje corporal en situaciones de emergencia, te habrías quedado impresionado.

Hay dos cosas que sorprenden:

1. Con qué velocidad y precisión pueden identificar incluso un pequeño grupo de signos reveladores, fuera de lo que parecería ser un comportamiento normal.
2. La confianza profesional que les brindan sus compañeros y superiores. No preguntan por qué ni qué exactamente. El lector señala y se ponen en acción.

Por supuesto, luego necesitan averiguar si es realmente cierto. Un signo de lenguaje corporal no es suficiente para incriminar a nadie...

Pero te da la idea de que la lectura del lenguaje corporal se ha desarrollado con habilidades y "trucos" hasta el punto en el que se usa constantemente y rutinariamente por razones de seguridad y protección.

Y la lectura rápida es una gran ventaja.

DESARROLLANDO TU LECTURA RÁPIDA

Por supuesto que llevará tiempo, pero, poco a poco, tú también desarrollarás la lectura veloz del lenguaje corporal. En realidad, vayamos directo a eso...

Ahora que sabes bastante sobre el análisis del lenguaje corporal, tienes un pequeño "juego de herramientas" que puedes usar para leer aún más rápido, pero antes que nada recuerda:

- *Permanece listo para cambiar tu lectura, tu evaluación, especialmente con la lectura rápida.*
- *Ten en cuenta que la lectura rápida es más limitada que un análisis completo...*
- ... pero es útil en emergencias o cuando se dispone de poco tiempo.

No me malinterpretes... No te estoy pidiendo que salgas y vuelvas con "primeras impresiones" genéricas... Conocemos todos los problemas que esto genera.

Te pido que salgas y vuelvas con *pistas, un rastro, un posible ángulo de lectura...*

Entonces, ¿estás preparado? Tómate muy poco tiempo... Ve a un lugar concurrido (un parque, una carretera, un centro comercial). Mira a tu alrededor al azar y solo anota el lenguaje corporal que te llame la atención. Deja que tus ojos elijan por qué y qué... ¡Cinco minutos como máximo!

¿Rápido? Bien, ahora haz una lista del lenguaje corporal que notaste.

¿Listo? Ahora, no para todos, esta es una "instantánea", pero... para algunos de estos, ¿puedes hacer un boceto interpretativo? *Y boceto es exactamente la palabra que estamos buscando.*

¿Qué tiene de especial hacer un boceto? Es algo rápido, bien; no es una obra de arte terminada. Pero sobre todo, está abierto a correcciones... Verás, difícilmente puedes corregir un óleo sobre lienzo, pero puedes usar tu borrador con un dibujo hecho a lápiz...

Entonces, por ejemplo... La mujer que balanceaba sus brazos visiblemente (estoy suponiendo lo que habrás notado). ¿Qué podría haber sido? ¿Tenía buenas noticias, tal vez? ¿Acaba de salir del trabajo y va a conocer a alguien que le guste mucho? ¿O tal vez está un poco borracha? Ese es el tipo de boceto que estamos buscando.

Ahora te pediré un ejercicio inverso...

Sal de nuevo, durante cinco minutos y en un lugar concurrido... Esta vez te pido que encuentres, lo más rápido posible:

- Una persona feliz
- Una persona triste
- Una persona segura

- Una persona distraída
- Una persona cansada

Elige algunas opciones propias si así lo deseas, pero da a cada observación un tiempo muy corto. Tan corto como puedas.

Ahora, regresa a casa y dime: ¿qué *grupo de signos del lenguaje corporal* te dijeron que la persona era feliz? ¿Y triste? Etc.

Ahora ya ves, haz este ejercicio una y otra vez y te volverás *más rápido en detectar grupos de signos del lenguaje corporal.*

Ten en cuenta que estos *grupos son flexibles.* No todo el mundo tiene exactamente el mismo lenguaje corporal... Pero después de hacerlo varias veces, comenzarás a desarrollar grupos generales (y flexibles), o grupos de signos que inmediatamente te dicen mucho sobre la persona que estás leyendo...

El entrenamiento y el ejercicio son las mejores formas de desarrollar la lectura rápida, ¡como con todas las habilidades! Los ejercicios rápidos y fáciles de hacer como los que te acabo de dar son ideales. De hecho, la clave está en la repetición. Cuando realices uno de estos ejercicios primero, desarrollarás algunas habilidades, e incluso mejorarás un poco tu velocidad. Cuanto más los hagas, más rápido te volverás.

Pero ¿hay algunos trucos del oficio? Por supuesto que los hay, ¡y aquí los tienes!

5 TÉCNICAS PARA LEER RÁPIDAMENTE A LAS PERSONAS

Lo adivinaste; todos estos son trucos que provienen de agentes del FBI y similares... Ten en cuenta que la velocidad puede ir en contra de la precisión en algunos casos. Esto se debe simplemente a que tienes un "fragmento" para continuar. Es como leer un libro entero rápido, con lectura veloz verbal, y ahí obtendrás una muy buena comprensión, o simplemente leerás una página pero rápido.

Por lo tanto, puedes usar la lectura rápida incluso si estás observando un discurso de cinco horas de duración (¡pobre de ti!) Y, en ese caso, obtendrás un análisis muy preciso. Pero si lees rápidamente a una persona durante un minuto, obtendrás una imagen parcial de todos modos. Aun así, obtendrás más que si usaras la lectura normal.

1. Busca grupos de señales

Ya lo hemos dicho y, por suerte, este capítulo viene después del de las microexpresiones. ¿Ves por qué esto es útil? Has aprendido microexpresiones como agrupaciones, grupos de signos. Si falta uno en un grupo, aun así sabes que, cuando se trata de las emociones expresadas... Solo necesitas 3 de 4 o 4 de 5 para decir: "Este es el grupo de microexpresiones para la felicidad", ¿verdad?

Lo mismo se aplica a la lectura subconsciente. No necesitamos todos los signos de tristeza para comprender que un niño es infeliz. A veces, ni siquiera podemos verlos a todos desde donde estamos. Pero cuando ves grandes ojos llorosos, también esperarás todas (o la mayoría) de las otras microexpresiones, como cejas levantadas en el medio, el labio inferior fruncido, etc.

Ya tienes grupos, y a menudo se centran en la emoción o el estado mental que expresan juntos en lugar de un signo preciso por sí solo. Por lo tanto, toma las emociones y los estados mentales arquetípicos clave y haz una lista rápida de todos los signos que conoces sobre ellos. Serán agrupaciones. Estos grupos pueden ser muy grandes, incluyendo 20 o 30 signos a veces. Pero solo necesitarás unos pocos para realizar un análisis rápido pero preciso.

Por lo tanto, completa la lista como desees, pero no olvides la felicidad, la tristeza, la ira, el malestar y la frustración, la negatividad, la positividad, la agresión, la honestidad y la franqueza, la deshonestidad y una actitud cerrada.

Haz una lista para cada uno, luego sal con un grupo en mente e identifica a la primera persona que muestre suficientes señales para que tú puedas hacer una evaluación confiable.

Hazlo una y otra vez con todos los arquetipos y verás grandes resultados con tu lectura rápida.

2. Conoce lo que buscas

Imagina que eres un agente del FBI y estás viendo un circuito cerrado de televisión para ver a un criminal caminando frente a él después de un crimen. ¿Qué buscarías? Tal vez un paso apresurado, tal vez alguien que mira mucho a su alrededor, tal vez alguien que está ocultando su rostro, cualquier signo de latidos rápidos si se puede, etc. Seguramente no estarías buscando un niño que patina, alguien que ayude a una anciana a cruzar la calle, alguien caminando con la mente en las nubes, ¿o sí?

Al igual que la lectura guiada con palabras, la lectura rápida está muy enfocada desde el principio. Ahora, busca la palabra "boceto" en este capítulo. ¿La encontraste? ¿Cuánto tiempo te llevó? ¿Leíste todas las palabras para encontrarla? No, excluyes cualquier palabra que no se parezca a esa.

Lo mismo ocurre cuando buscas rasgos específicos. Pruébalo ahora... Sal y encuentra a todos los que esconden sus manos... Encuentra a todos aquellos que están enfocados en el destino de su viaje, aquellos que quieren llegar a alguna parte. Luego encuentra a aquellos que están perdidos en el viaje en sí, como disfrutando de la vista, etc.

3. Haz tu investigación

Si conoces a la persona o al tipo de persona de la que estamos hablando, comienza con posibles escenarios. Volviendo a nuestros agentes de inteligencia, cuanto más saben acerca de la persona que buscan, más rápido pueden reconocerla.

Cualquier cosa puede ser útil. ¿Está casada? ¿A qué deportes juega? ¿Qué programas de televisión le gustan? En nuestro caso, sin embargo, como no creo que vayas a tener una entrevista de trabajo para entrar en la CIA todavía, es posible que desees saber algo de información sobre tus clientes, por ejemplo...

Verás, si sabes que el cliente es una persona joven e informal, puedes esperar una actitud muy relajada y cualquier signo de ello puede ser bastante revelador. Por el contrario, si tu cliente es una persona mayor y muy formal, cualquier signo que muestre falta de control puede provenir de una fuerte reacción negativa interna.

Verás, buscarás señales muy específicas si conoces a tus polluelos. Con amigos, ya podemos esperar un conjunto de señales muy claro, y notamos cualquier pequeño cambio...

4. Céntrate en las discrepancias más que en los signos individuales

El consejo anterior nos lleva directamente al actual. La persona formal que tiene un signo informal. El informal que tiene un signo de rigidez. El gerente que muestra una señal de miedo. El orador que se inquieta. La novia que mira a otro hombre... Bueno, lo último fue una broma, pero te da la idea.

Busca algo que no esté en línea con lo que esperarías de esa persona, en esa situación y en esa etapa.

5. Comprueba lo que la gente está intentando ocultar

Las personas usan el lenguaje corporal para proyectar lo que quieren que veas. Entonces, haz una clara distinción entre:

- Lenguaje corporal voluntario
- Lenguaje corporal involuntario

Sal a caminar y encuentra 5 signos claros de lenguaje corporal voluntario e intenta encontrar 3 de lenguaje corporal involuntario... De nuevo, repite según sea necesario. Hazlo una y otra vez hasta que sientas que puedes distinguirlos con velocidad.

A continuación, concéntrate en el lenguaje corporal involuntario. A veces, a la gente no le importa. Pero si la gente es consciente de ello y trata de ocultarlo o controlarlo, entonces estás en lo cierto. Este es un indicador clave para aquellos que están capacitados para detectar a un criminal, como los agentes fronterizos... La persona que quiere *parecer tranquila, pero no lo está...*

REALIZANDO EVALUACIONES RÁPIDAS DEL LENGUAJE CORPORAL: LAS 5 C

Hay dos etapas en lo que respecta a la lectura rápida del lenguaje corporal. Una es ser rápido para detectar signos y grupos de signos relevantes. La otra es ser rápido con las conclusiones, o mejor dicho con la evaluación.

Usa estas 5 C para guiarte en tu análisis, y sí, ya las hemos visto (algunas en detalle; una, la "cultura" tendrá su propio capítulo pronto). Pero ahora es un buen momento para hacer un comentario y un resumen de todos estos puntos. Y todos comienzan con C.

1. *Contexto,* algo de lo que hemos hablado extensamente. Busca signos y grupos que parezcan fuera de contexto...
2. *Clúster,* así que... no te dejes desviar por algún signo extraño, concéntrate en los grupos de signos. Habiendo dicho esto, ten en cuenta el signo extraño pero inusual... Vuelve a él más tarde y podrás hacer un gran uso del mismo... Como pronto descubrirás en la historia del ramo de flores (¡me estoy burlando de ti de nuevo!)
3. *Congruencia,* que por supuesto significa que debes buscar la

congruencia entre lo que dice la gente y lo que dice su lenguaje corporal.

4. **Coherencia,** por lo que queremos decir que la persona es coherente no solo con las palabras, sino que también con su personalidad, la situación, etc. Trata de averiguar el comportamiento básico que esperas de una persona y trabaja a partir de ahí. Y es por eso que estudiar a la persona de antemano es muy importante.

5. **Cultura.** Ten en cuenta cómo la cultura afecta el lenguaje corporal... Hemos hablado mucho de ello en términos teóricos y generales (¡¿naturaleza vs la crianza de nuevo?!) Y hemos visto algunos ejemplos, pero este es un tema tan importante que volveremos a tratarlo en mucho detalle.

Todos estos puntos, como puedes ver, son estrategias y consejos prácticos y útiles para la lectura rápida de personas. Pero tal vez nada coincida con una cualidad particular que puedas tener (¡o desarrollarás!). *Inteligencia emocional.* ¡Y esto es lo que vamos a ver a continuación!

13

¿ERES EMOCIONALMENTE INTELIGENTE?

Hay cosas que ninguna cantidad de cálculos matemáticos puede resolver. Como, ¿qué sentimos al ver a un niño llorando? Es como si hubiera dos mundos ahí fuera: uno hecho de "cosas" que podemos "contar" y otro mundo hecho de "sentimientos" que difícilmente podemos describir...

Ambos son reales (al menos el emocional es real, no estamos seguros del físico, pero esto es filosofía). Pero uno es muy impulsado por la sociedad (tal vez porque las "cosas" se pueden vender por otras "cosas" llamadas dinero) y el otro es, en el mejor de los casos, subestimado, en el peor de los casos reprimido y criminalizado.

Recuerdo haber estudiado "la condición de las mujeres en la Gran Bretaña victoriana" en la universidad, y bajo el pretexto de que eran "inocentes" y "ángeles del hogar", había un gran prejuicio: *las mujeres eran vistas como emocionales e irracionales.* Eso significaba que las mujeres "no estaban en condiciones de gobernar el país, la economía", etc., de hecho, ¡ni siquiera estaban en condiciones de votar!

Sí, las cosas han avanzado, pero ¿qué propone la sociedad cuando pensamos en la palabra "inteligente"? ¿Un matemático? ¿Un físico? Como sea, pensamos en una persona racional. Entonces podría seguir quejándome y decir que en realidad los coeficientes intelectuales más altos se encuentran en categorías donde la racionalidad está al menos a la par con la inteligencia emocional... Escritores, por ejemplo... Podría quejarme de que Einstein, el "epítome de la racionalidad" del mundo, mostró claros signos de inteligencia emocional profunda y dijo que usaba mucho el pensamiento irracional. De hecho, como otro gigante de la física, el Dr. Micho Kaku, Einstein pasó la mayor parte de su tiempo meditando, como un monje budista, no escribiendo fórmulas largas en una pizarra, como nos muestran en *The Big Bang Theory*.

Dime que deje de quejarme, pero no antes de que diga la última cosa... ¿Cuántas personas no son consideradas inteligentes solo porque no son principalmente racionales? Lo siento, lo mío fue una cruzada contra la injusticia...

Hoy en día, sin embargo, la importancia de la inteligencia emocional es cada vez más clara...

Incluso hablando del lenguaje corporal, el lado de la inteligencia emocional es bastante importante. Verás, hemos desglosado los signos del lenguaje corporal en los bits más pequeños, de verdad... Pero siempre hay ese "algo" que no cuadra racionalmente. Y como soy terco, te lo voy a explicar.

Copiemos a Einstein y hagamos un experimento mental.

A significa B, ¿de acuerdo? Entonces, un bostezo significa que estás cansado o aburrido.

Y esto es correcto, y podemos leerlo racionalmente.

Pero si este es el caso, ¿por qué las personas también comprenden los signos del lenguaje corporal que *nunca han visto*? Especialmente las expresiones faciales, que son una maravilla de este campo y un gran rompecabezas. Hay algunas que podemos dividir en signos claros, en "palabras de lenguaje corporal", pero hay tantas expresiones faciales que es como si estuvieras "leyendo un nuevo idioma" con cada cara nueva que encuentres. Y, sin embargo, todos los estudios muestran que no necesitamos aprender el nuevo idioma para entenderlo, al menos inconscientemente.

Eso es porque *incluso con el lenguaje corporal no leemos e interpretamos todo de manera racional.*

Entonces, la pregunta ahora es...

¿QUÉ SIGNIFICA SER EMOCIONALMENTE INTELIGENTE?

Nuestra mente trabaja en diferentes niveles. En realidad, la mente no es el cerebro y el cerebro ni siquiera está en nuestra cabeza. Tenemos al menos otro cerebro en nuestro corazón (neuronas) y uno en nuestro intestino (más neuronas).

Por otra parte, el cerebro no sigue un solo método para comprender el mundo. Verás, la racionalidad y la deducción son formas de pensar y comprender el mundo. Entonces, si digo que A significa 3 y B significa

4, y te pregunto, ¿qué es A + B, entonces? Usarías tu mente racional para decir: "¡A + B es 7!"

Eso es lógica, eso es pensamiento racional.

Pero cuando te pido que me expliques lo que sientes cuando escuchas la *Oda a la Alegría* de Beethoven no pasarás por un proceso lógico. No se puede decir que la nota D, seguida de la nota F, etc., me da felicidad, sentimientos alentadores, éxtasis, etc.

Sin embargo, tienes una respuesta, pero para darla necesitas usar tu *inteligencia emocional.*

Hay muchas teorías sobre por qué y cómo usamos la inteligencia emocional... De manera muy visceral, si quieres un nivel ancestral, si necesitas resolver todos los procesos lógicos cuando estás huyendo del peligro (digamos un león)... las posibilidades son que antes de que termines de resolver la "ecuación" te has convertido en una deliciosa comida para el león.

Sí, porque el pensamiento racional puede ser exacto, pero muy a menudo lleva mucho tiempo.

Incluso podríamos llegar a un largo análisis técnico de esa hermosa obra que es *Oda a la Alegría,* pero después de años y años, todavía necesitaríamos usar la inteligencia emocional para decir lo que sentimos al respecto...

Entonces, eres emocionalmente inteligente si puedes "leer los sentimientos" y "pensar intuitivamente" (en lugar de deductivamente). Pero hay un poco más... Eres emocionalmente inteligente si puedes expresarte creativamente.

Entonces, para recapitular, la inteligencia emocional tiene tres elementos principales:

- *Comprender los sentimientos*
- *Usar la intuición*
- *Ser creativo*

Pero ten en cuenta que *hay muchos niveles de inteligencia emocional.* Algunas personas tienen niveles impresionantes, y ni siquiera nos damos cuenta muchas veces. Solía conocer a un hombre, no estoy bromeando, que literalmente se sentía triste al entrar en una discoteca concurrida. Impresionante, y todavía lo considero (era un hombre gay para ser exactos) como la persona con la inteligencia emocional más alta que he conocido.

Es más, *puedes mejorar y desarrollar tu inteligencia emocional,* al igual que puedes mejorar tu memoria y tu inteligencia racional.

Por último, aunque *los tres elementos están relacionados, no es necesario tener los tres al mismo nivel.* En mi experiencia, es difícil desarrollar uno a niveles muy altos sin tener los otros dos en niveles extraordinarios...

Los grandes artistas pueden expresarse muy bien porque también entienden los sentimientos y son intuitivos, pero tal vez su intuición esté menos desarrollada que su creatividad... ¿Ves lo que quiero decir?

Sin embargo, no todo el mundo tiene una buena inteligencia emocional. Quizás recuerdes a los sociópatas y psicópatas. Los mencionamos cuando hablamos de mentirosos, grandes mentirosos y manipuladores, de hecho. Estas personas, como recordarás, tienen una condición psicológica muy grave, una enfermedad patológica si quieres: no comprenden que otras personas tienen sentimientos. Pueden "saberlo", pero no sienten *empatía*.

Bien, en su caso, su inteligencia emocional es baja o nula (hay, por supuesto, diferentes niveles de sociopatía y psicopatía). Entonces, una cosa es segura... *No tener inteligencia emocional o tener un nivel muy bajo es una patología grave, una enfermedad.* En realidad, es una enfermedad que hace que las personas sean peligrosas para la sociedad.

9 SEÑALES DE QUE TIENES UNA ALTA INTELIGENCIA EMOCIONAL

Pero, ¿cómo sabrías si tienes una inteligencia emocional buena o incluso excelente? Estamos a punto de averiguarlo. Nuevamente, toma estos signos como pautas generales, y cada uno tendrá diferentes niveles, grados e incluso etapas de desarrollo. Y no es necesario tenerlos todos, ni todos al mismo nivel, para tener una buena inteligencia emocional.

Sin embargo: *las personas con buena inteligencia emocional son naturalmente buenos lectores del lenguaje corporal, y leer el lenguaje corporal desarrolla tu inteligencia emocional.* Es un ciclo virtuoso.

Estos son los 9 signos que te dicen que tienes una inteligencia emocional buena o incluso superior a la media.

1. Te conmueves fácilmente

Este es el signo más sencillo, revelador e indiscutible de inteligencia emocional. Ser "emocional" alguna vez fue visto como un insulto, como un defecto... y todavía lo es para muchas personas. Sin embargo, si viste *La lista de Schindler* y no te conmoviste, entonces tu inteligencia emocional debe mejorar. Mientras que tu amigo que comienza a sollozar incluso durante una comedia, bueno, tiene un nivel muy, muy alto de inteligencia emocional...

2. Te identificas fácilmente y con personas distintas a ti

La capacidad de comprender a las personas que no son similares a nosotros (en edad, clase, educación, color de piel, orientación sexual, género, etc.) es una clara señal de inteligencia emocional. En realidad, cuando digo personas, me refiero también a personas de cuatro patas, como perros o gatos... o personas de seis patas, como abejas y hormigas...

En pocas palabras, una persona muy emocionalmente inteligente puede incluso sentir la mosca atrapada en el cristal de una ventana. Lo sé, mucha gente consideraría esto como una "tontería". Pero esa es una persona muy inteligente emocionalmente. Al mismo tiempo, una persona con poca inteligencia emocional puede incluso tener dificultades para entender la mirada de un cachorro. De manera similar, una persona con poca inteligencia emocional puede sentir empatía solo con personas similares a él/ella. Una persona con inteligencia emocional se identificará con una gama más amplia de personas, o con todas.

3. A menudo no estás seguro

Extraño, ¿no? Existe el mito de que las personas inteligentes siempre lo saben todo... No es cierto. Incluso una persona racional necesitará dudar antes de tomar una decisión. De lo contrario, confundiríamos insolencia y arrogancia con inteligencia. Si a esto le sumas el hecho de que *sientes el impacto de tus opiniones y elecciones en el mundo y en los demás...* Entonces verás por qué una persona emocionalmente inteligente a menudo tiene grandes dilemas morales y dudas.

Si eres tú el que se sentó al final de la clase esperando dar tu respuesta, porque querías estar 100% seguro, si lo hiciste incluso porque sabías que una mala respuesta tiene consecuencias emocionales (incluso para ti), es probable que tengas una alta inteligencia emocional. Me gustaría escribir un libro de pedagogía sobre cómo el sistema escolar realmente reprime a los estudiantes emocionalmente inteligentes, y ahora mismo estás teniendo una idea...

4. Perdonas y olvidas

Puede parecer contrario a la intuición que las personas sensibles olviden y perdonen más, pero todos los estudios y estadísticas demuestran que sí. Y por una razón. Los psicópatas, por el contrario, no perdonan. Pero eso se debe a que ven a las personas como "objetos para manipular".

Por otro lado, si comprendes que no perdonar a alguien hace sufrir a esa persona, harás todo lo posible por dejar atrás tus sentimientos y mejorar su vida.

5. A veces te sientes vulnerable y te proteges

La relación entre "sentir por los demás" y "sentir por uno mismo", el mundo exterior frente al interior puede ser uno de los principales fundamentos de la psicología en su conjunto. Por lo tanto, no podemos analizarlo completamente aquí.

Pero... parece que los sentimientos y las emociones son los que atraviesan esta barrera con bastante libertad... Las personas que muestran un sentido de cuidado y amor por los demás también a menudo se sienten vulnerables. Las personas que no se preocupan por los sentimientos de otras personas también tienden a minimizar sus propios sentimientos. Esto ocurre con los machistas, en palabras simples.

Puedes verte a ti mismo como una membrana permeable... Sientes por los demás cuando estos sufren, pero también te atraviesan fácilmente los sentimientos cuando los demás actúan de una manera que te afecta. En pocas palabras, sientes pena por las personas cuando les sucede algo malo, pero también se necesita menos para que otras personas te hagan sentir mal.

Las personas muy sensibles a menudo (pero no necesariamente) muestran signos de timidez, vergüenza, y de vez en cuando necesitarás ese "tiempo para ti mismo" o "lejos de todo"...

6. Eres muy susceptible a lo positivo y lo negativo

Sé que estoy hablando con una persona emocionalmente inteligente porque pensaste: "¿Pero quién no?" ¡Leí tu mente de nuevo! (¡Solo bromeando, por supuesto!) El hecho es que no todo el mundo se ve gravemente afectado por la positividad y la negatividad. Algunas personas son bastante indiferentes a eso.

Lo reduciré a un ejemplo muy simple... Un color hermoso y feo. Las personas que son sensibles a la positividad o negatividad de los colores tienen una alta inteligencia emocional. Por lo tanto, mira a tu alrededor, mira la ropa que usan tus colegas de oficina y descubrirás que bastantes personas no son *tan* inteligentes emocionalmente (es una broma parcial, pero entiendes el punto).

7. Tienes una relación compleja con la crítica

Este punto no es tan sencillo. Lo que significa es que:

- *Ofreces una crítica constructiva* (en lugar de utilizar la crítica para humillar). Y esto es fácil de entender.
- *Puedes responder bien a las críticas.* Pero... también te puedes ofender. Todo depende de si es *positivo* y de la forma en que se entrega. Si alguien te critica con malicia, o con palabras fuertes, o en público, es posible que te lo tomes a mal.

8. Reflejas naturalmente el lenguaje corporal de las personas o el lenguaje en general

Hemos hablado sobre la imitación y volveremos a ello en unos pocos capítulos. Pero es como cuando alguien se sienta de una manera y tú también te sientas de esa manera. Cuando alguien sonríe, le devuelves la sonrisa de forma natural. Si alguien habla de manera informal, inmediatamente cambias a un lenguaje informal...

Todos estos son signos muy fuertes de empatía e inteligencia emocional. Pero esto no significa que lo hagas todo el tiempo... Lo harás fácilmente, pero solo con personas con las que te lleves bien.

9. Tienes buena relación con la naturaleza

Las investigaciones muestran que las personas emocionalmente inteligentes aprecian la naturaleza a un nivel muy profundo. Si eres de esas personas que miran un atardecer y sientes que se te hincha el corazón... Entonces eres emocionalmente inteligente. Si te sientes uno con la naturaleza cuando estás en un parque, eres emocionalmente inteligente...

Compara con las personas que solo ven la naturaleza como un recurso... ¿Te preocupa si talan un bosque para construir fábricas? o piensas, "Bueno, puedo encontrar otro bosque si realmente necesito uno para un picnic"

Estoy seguro de que ahora estás empezando a ver por qué la inteligencia emocional es importante para analizar el lenguaje corporal, pero también *cómo te ayuda a proyectar un lenguaje corporal que te hace parecer auténtico y confiable.* Te preguntas, "¿Cómo?" Bueno, para eso, tendrás que esperar un poco... Pero no demasiado, ¡lo prometo!

PERSONAS NEGATIVAS: CÓMO PROTEGERTE DE LA INFLUENCIA OSCURA Y LA MANIPULACIÓN

D ebido a que eres emocionalmente inteligente, serás muy sensible con las personas que ejercen una influencia negativa sobre ti. Ya sabes, la persona por la que tienes un presentimiento. Eso que "tu piel" te dice que es una mala noticia. Esa impresión que tienes de que tu vecino tiene motivos ocultos. Pero, ¿qué hay de aquellas cosas que tu radar emocional no detecta?

No estoy tratando de asustarte. No todo el mundo quiere lastimarte. Pero hay influencias negativas e incluso influencias "oscuras" ocultas en tu vida. Si no las descubres temprano, pueden convertirse en "relaciones tóxicas" (también existen otros factores para tales relaciones...)

Es más, despejar tu mundo social (profesional y personal) de personas e influencias negativas te hará una persona más feliz, una persona más exitosa y una persona con menos problemas. Finalmente, si quieres convertirte en un influencer, o una persona que quiere liderar a otros, este es un paso necesario para iniciar este camino o carrera.

En una junta directiva (o en cualquier lugar donde se toman decisiones y hay mucha gente, como parlamentos, juntas escolares, etc.) las personas negativas tenderán a provocar luchas internas y represión externa. Ahora entiendes por qué tantos países tienen malos políticos...

Si quieres crear, por ejemplo, un canal de YouTube, necesitas tener colaboradores honestos, personas que trabajen por *tu bien*, no en contra.

Pronto pasaremos a desarrollar tu lenguaje corporal de manera profesional, para usarlo en tu trabajo e incluso convertirte en un influencer o un orador público. Sin embargo, si tienes personas negativas a tu alrededor, incluso tratando de manipularte, no importa cuánto trabajes, las cosas no saldrán como te gustaría. Entonces, en primer lugar... veamos cómo la gente te influye negativamente.

¿CÓMO FUNCIONA LA INFLUENCIA OSCURA Y LA MANIPULACIÓN?

Si crees que nos estamos adentrando en "teorías conspirativas" cuando hablamos de influencias ocultas y manipulación... De verdad, estas se han utilizado, estudiado e incluso enseñado (especialmente en la universidad) durante décadas, de hecho, seguramente por más de un siglo.

¿Te acuerdas de Ivan Pavlov, el hombre que hizo esos famosos experimentos con la campana y el perro? Él es fundador de esa escuela psicológica, conocida como *conductismo*. Básicamente, sabes que si asocias un signo con un estímulo positivo, las personas, tarde o temprano mezclan ambos y ante el signo reaccionan como si estuvieran frente al estímulo positivo.

¡No somos tan diferentes de los perros! El perro de Pavlov salivaba cuando escuchaba la campana, porque la asociaba con la comida, incluso cuando ya no había comida. La gente todavía fuma cigarrillos muchos años después de darse cuenta de que no se parecen a James Dean... ¿Y por qué los anuncios de vodka tienen que incluir desnudez? Nada que ver con Siberia, supongo... Ellos asocian dos tipos de placeres para... ¿hacer qué? *Influenciarte para que compres vodka.*

Todo el marketing puede interpretarse como manipulación. Entonces, ya ves, el tema ha ido mucho más lejos de lo que pensábamos. Y hay mucho lenguaje corporal en el marketing... Desde el vendedor fotografiado de cintura para arriba con una sonrisa, frente a la cámara, vistiendo ropa de trabajo o de negocios, un corte de pelo de clase media y el producto en sus manos (generalmente era un hombre) hasta el testigo famoso, el lenguaje corporal se usa todos los días para decir: "¡Compra esto y compra aquello!" Y la mayoría de nosotros obedecemos...

Si funciona para la televisión, funcionará en la interacción cara a cara. ¿Qué te parece? Y de hecho, funciona. Los vendedores lo hacen todos los días. Si no fueran buenos en eso, no tendrían una carrera... Los políticos, por supuesto, también lo hacen todo el tiempo... Pero en este grupo también puede estar tu "amigo" y tu "colega".

Entonces, ¿cuáles son los principios clave de la manipulación?

Ya hemos visto uno:

1. Repetición

¿Por qué los anuncios se repiten una y otra vez? A veces se vuelven incluso insoportables. Pero a quienes lo hacen no les importa, ¿verdad? No, porque cuanto más repites un mensaje, más verdadero suena. En realidad, esto es una manipulación de lo que creemos que es la realidad.

¿Cuál es la mejor marca de pasta? ¿Cuál es el mejor whisky? ¿La mejor leche? ¿Agua? La mayoría de nosotros tendrá una idea "clara" sobre estas cuestiones. Pero ni siquiera es "tu idea" y no es "clara", más bien es "rebelde"...

Esto ocurre también a nivel personal. *Las personas que te manipulan repetirán el mismo mensaje una y otra vez.* Y por "mensaje" no me refiero solo a "mensaje verbal". El Don Juan que roba corazones para "usar a las mujeres por una noche" lo hará con un lenguaje corporal muy atractivo, con muchas señales no verbales que tienen un mensaje claro. Una señal sola no hará el truco, y la paciencia es, por supuesto, una de sus grandes cualidades.

2. Personalidad falsa

¿Ves que recuerdo todo? Hubo un caso muy famoso entre agentes secretos. La CIA estaba detrás de un espía... Pero ya sabes, los agentes dobles aprenden a actuar, literalmente. Cambian la forma en la que hablan, caminan, cambian su lenguaje corporal y la verdad, a veces, incluso usan disfraces... Pero este fue muy bueno...

Un día, un agente de la CIA vio un corto video de un hombre, y este llevaba un ramo de flores... Lo arrestaron, y al ser arrestado, dijo: "Fueron las flores, ¿no?" ¿Sabes lo que pasó? El hombre compró un ramo de flores y lo llevó con las cabezas de las flores hacia abajo... Simple, en el Oeste normalmente las sostenemos apuntando hacia arriba... De hecho, el hombre era de Europa del Este....

Este es un caso extremo, pero te muestra cómo funciona el engaño y la manipulación. Los buenos manipuladores montan espectáculos, crean personajes y se aseguran de que sean creíbles. No me malinterpretes, estas son habilidades que uno puede aprender conscientemente (como los agentes dobles) o no... Algunas personas simplemente encuentran natural "cambiar de máscara"... En cierto modo, también lo hacemos todos los días. No tienes la misma personalidad con tu socio que con el gerente de tu banco, ¿verdad? Esto es visto como una extensión de este comportamiento normal. Pero si bien lo hacemos solo por normas sociales y hasta cierto punto, otras personas lo hacen para manipular y muy a menudo a niveles muy altos.

3. El teorema de Thomas

Este es un teorema sociológico, y los manipuladores lo utilizan... El hecho es que *un manipulador quiere que actúes sobre un estímulo.* Quiere que compres ese coche oxidado... Quiere que le ayudes con su carrera, etc. Entonces, necesitan *convencerte de que hagas algo.*

Y aquí el teorema de Thomas es muy útil. El mismo dice: "Si los hombres definen situaciones como reales, son reales en sus consecuencias". Básicamente, *solo necesitas creer que algo es real para reaccionar con acciones reales.* Solo necesitas "pensar que necesitas un nuevo teléfono inteligente" para comprar uno. En realidad, no es necesario que lo necesites de verdad...

Verás que esto está en el centro de la publicidad, pero también en el centro de la manipulación. Entonces, *los manipuladores te convencerán de que necesitas hacer algo.*

Por lo tanto, *tendrán que convencerte de una mentira.* O al menos tendrán que *exagerar un problema para obtener la respuesta que quieren de ti.*

4. Psicología inversa

La idea de la psicología inversa es fingir querer algo, sabiendo que la persona que necesita actuar hará lo contrario de lo que tú quieres. Entonces, si la convences de que quieres lo opuesto de lo que realmente quieres, terminarás haciendo que la persona haga lo que tú querías en primer lugar.

Sí, parece uno de esos discursos que pronunció Sir Nigel Hawthorne como Sir Humphrey Appleby en *Yes Minister* y *Yes Prime Minister.* De hecho, el personaje es maquiavélico. Y por maquiavélico nos referimos a personas que no se detendrán ante nada, incluidas las mentiras y las trampas pero, sobre todo, manipulando a los demás para lograr sus objetivos.

5. Ver a las personas como "objetos"

Si deseas manipular a una persona, debes tratar a esa persona como un objeto, como "un instrumento para tus objetivos". Los políticos tratan a sectores enteros de la sociedad como tales muy a menudo. Y aquí llegamos a algunos viejos "amigos": sociópatas y psicópatas.

Estas personas son manipuladores como pocos. De hecho, muy triste-mente, los sociópatas y psicópatas a menudo tienen carreras increíbles en los negocios y la política. Para ellos, eres como una lavadora, algo para usar por el tiempo que les resultes útil. Luego te desechan.

Estas personas y también los manipuladores no te ven por tu valor intrínseco, emocional o social... No, te ven como una "inversión". Incluso cuando tu amigo, que en realidad te ve como un ser humano, te usa para algo, al menos en esa situación, te ha visto como un objeto. Y es por eso que entonces "nos sentimos usados".

6. Te mueven por grados

¿Te acuerdas de ese famoso manipulador malvado, Yago, en *Otelo* de Shakespeare? Él es el principal ejemplo de cómo funciona un manipu-lador. Y sigue todos nuestros pasos. Finge ser amigo del moro, usa la psicología inversa, repite sus mentiras, etc.... Pero también mueve la mente de Otelo paso a paso...

Los manipuladores mueven tu posición con respecto a un tema a fuerza de pequeños cambios casi imperceptibles. De esta manera, una vez que te das cuenta de que te has "movido hacia el lado oscuro", es demasiado tarde, si es que te das cuenta. Muchos estudios psicológicos y sociológicos sobre cómo surgió el nazismo muestran que la gente ni siquiera se dio cuenta de que estaba cambiando de posición y abrazando el mal abiertamente.

Entonces, si odias los videojuegos por una cuestión de principios y las empresas quieren que compres su propia marca... Bueno, lentamente te llevarán a "no estar tan disgustado con los videojuegos" y a "tal vez no todos sean malos", y a "algunos tienen algunas características buenas", luego a "incluso si pruebo uno no me gustará", pero "probaré uno", y luego "no es lo mío, pero fue mejor de lo que pensaba" y prontamente, con unos cuantos pasos más, te despertarás por la mañana diciendo: "No puedo prescindir de ti" como si fueras un fumador empedernido...

7. ¡Tiempo!

Como consecuencia, la manipulación lleva algo de tiempo en muchos casos. Las personas que quieran manipularte, en primer lugar, necesitarán un fácil acceso a ti. Luego, necesitarán acceso constante y tiempo, por supuesto.

DESARROLLANDO UN OJO PERSPICAZ

La mayoría de nosotros hemos sido traicionados, estafados, timados y engañados en la vida. Ahora, has visto cómo actúan los manipuladores. Es un tema muy desagradable, pero debes mirar el lado positivo, de hecho, los lados positivos:

- Ahora sabes cómo accionan los manipuladores.
- Conoces el lenguaje corporal y esto te ayudará a identificarlos.
- Vas a aprender a mantenerlos a distancia.

Y hay más… Quizás tu mejor herramienta para detectar a un manipulador sea tu inteligencia emocional. Debes haber tenido ese amigo que "siempre sabe desde el principio si una persona es de confianza", ¿o no? Bueno, ese amigo, si tiene razón, tiene muy buena inteligencia emocional.

Y, por supuesto, debes buscar pistas y desarrollar un ojo perspicaz:

- *Mantente atento a las diferencias en la forma en la que la persona se comporta contigo y con los demás.* Es asombroso cómo las personas a veces son ciegas. ¿Acaso las personas creen que el jefe que los halaga pero que es horrible con los demás lo hace porque le agradan? Que sigan soñando... Solo están siendo utilizados.
- *Ten cuidado con el comportamiento artificial y antinatural.*
- *Ten cuidado con la amabilidad excesiva.* Me refiero a algo excesivo según la persona, tu relación con la persona, la cultura y, por supuesto, la situación. El hombre que grita sobre lo buenos que están tus zapatos promedio tiene algo más en mente, probablemente.
- *Mantente atento a los cambios repentinos de comportamiento (y lenguaje corporal) cuando la persona te vea.* Por ejemplo, si entras a la habitación o si de repente te ve, etc.
- *Mantente atento al comportamiento insistente.*

5 FORMAS DE PROTEGERTE

Entonces, ¿qué puedes hacer realmente para protegerte de las personas tóxicas y manipuladoras? ¡Aquí tienes algunos consejos!

1. Controla tu implicación emocional

Esto es muy difícil, especialmente en las relaciones personales. Pero incluso así, en cuanto empieces a darte cuenta de que un "amigo" te está utilizando, *comienza un viaje de distanciamiento emocional.* Empieza a aceptar la idea de que es posible que no sean amigos por mucho más tiempo... Empieza a salir con otros amigos. Empieza a "llenar el vacío emocional" que causará tu ruptura.

Cuando se trata de los colegas y las personas con las que trabajas o tratas, esto es más fácil. Sin embargo, las personas emocionalmente inteligentes seguirán sufriendo bastante. Hay personas que no se involucran emocionalmente con los compañeros, por ejemplo. Eso puede ser necesario a veces, especialmente si trabajas en un lugar muy desagradable y competitivo. Ahí es donde se concentran los manipuladores.

2. No intentes cambiarlos

En la mayoría de los casos, estas personas no cambiarán por ti. No te dejes llevar por el llamado del "buen samaritano" para salvar a una persona que te está usando. Para empezar, corres el riesgo de que se den cuenta de que estás intentando cambiarlos y lo usarán como excusa para mantenerse cerca de ti y manipularte aún más.

Los sociópatas y psicópatas harán esto en particular. E incluso pensarán que eres estúpido por querer ayudarlos...

3. No los confrontes cara a cara

Esto sería una pérdida de tiempo en muchos casos. Además, después de negar toda la historia, es posible que algunos quieran vengarse de ti. Recuerda, no todo el mundo tiene tu brújula moral, y si te has topado con una persona peligrosa (de nuevo nuestros antihéroes, psicópatas y sociópatas), ¡el hecho de que conozcas sobre ellos será visto como una amenaza! Y es posible que quieran neutralizarte, tal vez desacreditándote con otros, mintiendo sobre ti, etc.

4. Aléjalos lenta pero constantemente

Inventa algunas excusas sobre por qué no estás actuando sobre su disparador, y entonces, por qué (ya no) estás cayendo en su trampa... Luego, poco a poco, corta todas las reuniones, todo contacto y toda comunicación.

Cuanto más cuidadosamente lo hagas, la persona menos se dará cuenta de lo que está sucediendo y menos tratará de contrarrestar tu movimiento. Y no solo eso, sino que también habrá menos ofensa, y como tú sabes, estas personas a veces pueden ser despiadadas.

5. Ve despacio con las relaciones

Hay amigos en los que confiarás tu vida... ¿Hace cuánto que los conoces? ¿Una década? ¿Dos? ¿Cinco? El hecho es que debido a que tenemos buenos amigos, podemos engañarnos al pensar que otra persona que, por algunos rasgos, nos los recuerda, es igualmente digna de confianza...

En cambio, puede ser una posibilidad o, si has conocido a un estafador profesional experimentado, como esos que se casan con parejas ricas para luego robar sus propiedades, la realidad es que esa persona está imitando el lenguaje corporal, la personalidad, el lenguaje, el estilo, etc. de tus amigos para ganar tu confianza.

Ve lento y ve seguro. Esta es, por lejos, tu mejor defensa contra los manipuladores.

DEBES SABER A QUIÉN TE ENFRENTAS

Una vez que te des cuenta de que hay algo "sospechoso" en alguien, comienza a averiguar:

- Su personalidad real (rasgos clave y ocultos, como codicia, envidia, arribismo)
- Sus motivos, sus objetivos
- Su táctica y estrategia

Intenta también evaluar *la gravedad de la situación.* Quiero decir, literalmente puede tratarse de un comerciante que es deshonesto, así como de alguien que quiere casarse contigo para luego llevarte a la bancarrota... En tu vida empresarial, puedes encontrar desde alguien que solo quiere una pequeña ventaja hasta alguien que está decidido a terminar tu carrera.

Cuidado, de nuevo, con los sociópatas y psicópatas. Realiza la "prueba de empatía", como decirle a la persona que no te sientes cómodo con algo en particular. Hazlo incluso más de una vez... Pero si tienes la idea de que no sienten nada, aléjate de ellos lo más rápido posible. Y recuerda, no son buenos para fingir sentimientos de empatía porque en realidad no saben lo que son...

DETECTANDO A UNA PERSONA CON UNA ACTITUD CONDESCENDIENTE

Muy a menudo, los manipuladores y las personas tóxicas son condescendientes con sus víctimas. Estoy viendo una impresionante película documental en seis partes sobre Totò Riina, el jefe de la mafia más horrible de la historia. Me asombra lo condescendiente que fue, y lo demostró, como una forma de mostrar su poder...

Aquí hay algunos signos del lenguaje corporal que indican que la persona tiene una actitud condescendiente que puedes agrupar para ayudarte:

- *Mentón hacia arriba y frente hacia atrás.* Este es un signo muy típico, tanto que incluso puede ser voluntario.
- *Empuje del mentón.* Esto sucede cuando la persona empuja su barbilla hacia adelante. Es un signo de falta de respeto hacia ti, falta de consideración.
- *Mirada de reojo.* Si alguien te mira desde una posición de tres cuartos con el rabillo del ojo, te está mostrando que no confía en ti y te ve con desprecio.
- *Literalmente mirándote desde arriba.* Levantar la cabeza o moverla hacia atrás para mirar hacia abajo es otro signo de condescendencia.
- *Estirar las fosas nasales y hacer muecas.* Hacer una mueca

con la boca para que las fosas nasales se estiren es un signo de disgusto y condescendencia.

A veces, las personas intentan ocultar estos signos, así que búscalos con mucho cuidado.

RECONOCE EL LENGUAJE CORPORAL DE LA CONDUCTA AGRESIVA

Las cosas pueden ponerse feas y salirse de control, y puedes terminar siendo amenazado, no solo físicamente. Muchos jefes utilizan un lenguaje corporal amenazante solo como una forma de establecer su poder. Algunos políticos también lo hacen.

Es más, las personas que intentan manipularte o dañarte pueden, de vez en cuando, mostrar signos de agresión que ellos mismos no notan ni controlan. Al final, la manipulación y la agresión comparten muchos rasgos, e incluso son lo mismo desde algunos puntos de vista. Son una forma de utilizar a los demás; en ambos casos la víctima es vista como inferior e incluso deshumanizada, etc.

Entonces, esto es lo que debes tener en cuenta. Nuevamente, ve esto como un grupo.

- *Pecho empujado hacia afuera y hacia ti.* Esto, en todos los niveles, es una señal agresiva.
- *Hombros hacia afuera.* Especialmente si son visibles, pueden ser una posición amenazante.
- *Vientre hacia fuera.* Esto también, a menos que la persona

haya comido demasiados frijoles, puede significar que la persona tiene intenciones negativas o una actitud negativa hacia ti.

- *Puños y brazos rígidos.* Eso es lo que hacen los boxeadores antes de comenzar a golpear, así que no es una buena señal de alguien que está frente a ti.
- *Puntas de la boca visiblemente hacia abajo.* Esa es una señal de disgusto, pero también puede mostrar enojo.
- *Todos los signos de ira y condescendencia* que ya hemos visto.

¡Uf! Este fue un capítulo difícil en muchos sentidos. Te entiendo. Nunca es agradable hablar de cosas negativas, especialmente de personas. Pero teníamos que hacerlo y te agradezco por superarlo.

Como algunos dicen, "las cosas malas ocurren" (¡de acuerdo, usan otra palabra!). Lo que podemos hacer es estar preparados para cuando estas cosas ocurran y seguir adelante... Y, hablando de seguir adelante... A continuación, hablaremos sobre cómo puedes usar el lenguaje corporal para convertirte en la persona que quieres ser... ¡Algo muy positivo en verdad!

15

CONVIÉRTETE EN UN INFLUENCER

¿Quieres hacer tu propio vlog o tu propio podcast? ¿O quizás realmente quieres (o necesitas) convertirte en un orador público? ¿Quizás tienes una carrera política en mente? ¿O quizás eres profesor y quieres mejorar tus habilidades de presentación? ¿Y qué es un gerente dando una presentación frente a una junta sino un influencer con traje y corbata? (Metafóricamente hablando, especialmente si eres mujer...)

Todas estas "actividades", más que trabajos", son "roles". Verás, en la vida, incluso en la mayoría de los trabajos, cambiamos de ser *influenciados a ser influencers* con regularidad. Un profesor es un influencer en la clase, pero no lo es necesariamente cuando habla con sus colegas. Por eso deberíamos verlo más como un rol que como un trabajo.

Dicho esto, hoy en día hay influencers que son profesionales y famosos. Las redes sociales han hecho posible que muchas personas lancen sus propios canales, y todas necesitan usar su lenguaje corporal correctamente, incluso profesionalmente, para convertirse en influencers.

¿CUÁNTA CONFIANZA TIENES?

La confianza vuelve una y otra vez en este libro. Hemos visto cómo puedes desarrollar tu confianza, y aquí queremos dar un paso atrás por un segundo y volver a analizar este tema.

Lo que queremos evaluar aquí es qué tanta confianza tienes "naturalmente". Naturalmente no es algo realmente correcto (¡naturaleza vs crianza de nuevo!) Lo que quiero decir es *cuál es tu nivel de confianza básico*, porque más que razones naturales, lo que hace que las personas tengan confianza o no son las experiencias sociales y personales (crianza). No tenemos un "gen de la confianza"...

Esto significa mucho, como comprenderás. Pero no significa que puedas o no puedas ser un influencer. Si, por ejemplo, tu respuesta a esta pregunta es, "Tengo mucha, mucha confianza", puedes pensar que puedes empezar a trabajar como influencer de inmediato. ¡Pero puede que no sea algo muy inteligente! Por otro lado, si tu respuesta fue: "No tengo nada de confianza", incluso puedes pensar que no estás hecho para cumplir este rol, ¡mientras que yo te sugeriría que comenzaras de inmediato!

¡No, no has entrado en una dimensión paralela! El hecho es que las personas que están seguras de su confianza pueden clasificarse en tres categorías:

- Aquellos que piensan que tienen más confianza de la que realmente tienen.
- Aquellos que tienen tanta confianza que parecen arrogantes.
- Aquellos que realmente tienen confianza.

Es bastante difícil evaluar la confianza propia de uno. Un dictador o dictadora diría que tiene mucha confianza. En realidad, la mayoría de los análisis psicológicos de los dictadores muestran que tienen grandes problemas psicológicos y confunden la arrogancia con la confianza (¡que a menudo les falta!).

No estoy diciendo que puedas ser un tirano... Pero muchos jefes entran en esta categoría. Y ellos piensan que tienen confianza, pero para ti, parecen "mandones" o incluso "alcistas".

El riesgo para las personas con esta tendencia, una vez que se convierten en influencers, es que su lado "engreído" y arrogante se vuelva más visible. ¿Cuántas personas famosas, especialmente periodistas, comentaristas, etc., comienzan como "confiados y competentes" y después de unos años en la televisión son totalmente arrogantes e insufribles? No mencionaré nombres porque no me gustaría que me demandaran, pero estoy seguro de que tienes muchos ejemplos de esto en mente.

Si ya tienes mucha confianza, debes evitar la "retroalimentación de confianza" que obtienes al ser un influencer. ¿Te acuerdas de Pavlov y el perro de la campana? Bueno, obtener recompensas positivas y comentarios por ser un influencer realmente puede afectar tu ego... Te acostumbras y luego das por sentado que la gente te lo debe. Como el perro con la campana y la comida, esperarás la comida (metafóricamente) cada vez que escuches la campana (cada vez que publiques en tu vlog, hagas un discurso, etc.)... Y esta misma expectativa de reconocimiento es lo que llamamos arrogancia.

Si entras en la segunda categoría, corres el riesgo de sentirte muy decepcionado e incluso "herido" si las cosas salen mal. Debes comprender que "perder la reputación" frente a la gente es mucho más difícil de lo que la mayoría de la gente piensa. Hay políticos famosos que piensan que tienen confianza solo porque están en una racha ganadora, pero en cuanto son criticados, se lo toman como algo personal, como algo malo, e incluso rechazan las críticas... Eso no es señal de confianza...

Ten en cuenta que, si tienes un vlog y algo sale mal, la gente te molestará durante mucho tiempo, potencialmente para siempre. Si eres actor y te abuchean o desaprueban en público, esto se quedará contigo mucho más tiempo que luego de terminado el programa. Incluso será difícil volver a subir al escenario. Si tu jefe te desanima después de una presentación con tus colegas, tendrás que trabajar con ellos después de eso.

¿Y qué tal si no tienes confianza? ¡Esa es una razón más para empezar a practicar!

En todos los casos, *¡lo que debes hacer es comenzar poco a poco! Empieza a pequeña escala, con una audiencia pequeña y ve* *construyendo a partir de ahí.* Tanto si tienes confianza como si no, tendrás la oportunidad de corregirte. *Sé modesto si tienes mucha confianza, y aumenta tu confianza si no la tienes a medida que avanzas.*

Además, *comienza con una audiencia amigable.* Incluso si solo deseas tener un vlog, comienza a hacerlo circular entre amigos, o en una plataforma pequeña y amigable...

Finalmente, *toma las críticas de manera constructiva.* Tu mejor amigo es un *amigo crítico* que te dice honestamente lo que necesitas escuchar... Las personas que se rodean de quienes dicen que sí a todo, tarde o temprano descubren por sus propios medios que el subidón de autoestima no es un reemplazo de hacer un buen trabajo.

¿Y qué hay de tu lenguaje corporal? *¿Cuál es el lenguaje corporal "correcto" para un influencer?*

Espera, necesitamos una sección completa sobre esto...

EL LENGUAJE CORPORAL CORRECTO DE UN INFLUENCER

Conoces la pregunta. Ahora la respuesta: *¡depende!* ¿Decepcionado? Quizás, pero sabes que lo vamos a averiguar... ¿De qué depende?

- *El tema*
- *La audiencia*
- *El formato*
- *Tu persona*

Querrás lucir *confiado, competente y en control todo el tiempo.* Y para todas estas variables... Pero de diferentes formas.

Ahora, haz una pequeña película en tu mente (un experimento mental como los que usó Einstein)... Faduma quiere convertirse en empresaria y decide administrar un vlog online sobre "cómo administrar un negocio". ¿Cómo será su lenguaje corporal? Anota algunas ideas (incluso mentalmente).

Por otro lado, Sam también quiere administrar un vlog online, pero el tema es la música hip hop... Bien, ahora, ¿cómo será el lenguaje corporal de Sam?

Verás, incluso con el mismo formato, el tema diferente requiere diferentes acentos, niveles de formalidad, gestos típicos, etc....

La audiencia suele estar estrictamente relacionada con el tema. Puedes esperar que la audiencia de Faduma espere un tipo de lenguaje corporal más "canónico, institucional y contenido, convencional" que el de Sam.

De igual forma, hoy en día existen muchos influencers online que se especializan en bienestar, espiritualidad y autoayuda. Esperarás que proyecten calma, salud, paz, serenidad, etc.... Algo más parecido al Dalai Lama que a un vendedor de coches o un político (no me corrijas; sé que el Dalai Lama también es un político, pero no uno típico...).

Aquí también *intenta ponerte en el lugar de tu audiencia...* ¿Qué esperarías? ¿Qué encontrarías "irritante" y fuera de lugar? Intenta coincidir con las expectativas de tu espectador.

Pero esto no es todo... Ahora, Faduma está haciendo su vlog para estudiantes universitarios y jóvenes emprendedores. Eso significa que su lenguaje corporal puede permitirse cierta informalidad y amabilidad. Pero ahora, se le ha pedido a Faduma que presente exactamente el mismo tema de uno de sus vlogs frente a una junta de una importante corporación internacional. ¿Crees que debería cambiar su lenguaje corporal?

Yo creo que sí. Para empezar, en la mayoría de los casos, las personas mayores están a cargo de las juntas. También están completamente enfocados en el tema y no necesitan nada que los mantenga comprometidos. También suelen ser muy formales, y en muchos casos, incluso muy conscientes de su posición social...

Una vez que hayas logrado la fórmula correcta con respecto al tema, audiencia y formato, puedes agregar algunos rasgos que te diferencian de los demás y te hacen destacar, pero sin parecer fuera de lugar.

Se vería muy tonto si un agente inmobiliario abriera un discurso o un video con el símbolo de "Latin Kings" (los cuernos con los dedos como lo hacen los raperos)... Esto es extremo, pero muestra el punto...

Por otro lado, para asegurarte de que seas reconocible y te destaques, usa:

- *Signos de firma.* Estos son signos que la gente usa para comenzar o terminar un discurso o video, etc. Los espectadores los usan para *identificar al influencer o al orador.* Mira a los influencers profesionales y descubrirás que todos tienen uno... puede ser un guiño, una señal con la mano, un pequeño gesto... Pero siempre es lo mismo, acompañado de las mismas palabras (saludos) y moderado pero claro.

- *Signos culturales.* Estos pueden referirse a tu cultura, si deseas proyectarla, pero también a la cultura relacionada con tu tema. Por ejemplo, muchos sanadores y guías espirituales online utilizan el signo "namaste" con bastante frecuencia (manos con las palmas juntas, como cuando rezamos). Eso le dice inmediatamente a la audiencia: "Tenemos los mismos antecedentes culturales, creemos en las mismas cosas".
- *Signos de personalidad.* Estos pueden ser pequeños identificadores personales que distribuyes a lo largo de tu actuación, en lugar de al principio o al final... Una vez más, estos deben ser moderados e ir en armonía con el tema y tu personalidad.

MOVIMIENTOS DE UN INFLUENCER

Toma un tema que realmente te apasione. Saca tu teléfono inteligente e improvisa un discurso al respecto. Ahora míralo... Apuesto a que lo primero que notas es que sigues moviéndote...

Nos movemos espontáneamente cuando hablamos, y cuanto más absortos estamos en el tema, más nos movemos. Desafortunadamente, esto funciona a veces, pero no funcionará en la mayoría de los casos. El político extraño que muestra una gran pasión puede que tenga algo que ganar. Si se convierte en un hábito habitual, este político puede terminar pareciendo trastornado (como Hitler, Mussolini, etc....).

Para ser honesto, esto también tiene sus tendencias. Recientemente, hemos visto una tendencia a favor de los políticos que parecen "ensimismados" al mismo tiempo que hemos visto una radicalización de la política. Las dos cosas van juntas, y los políticos a menudo fingen estar absortos en el tema cuando gritan y chillan y golpean la mesa con el puño... Es un espectáculo.

Esto también es muy agotador para la audiencia, y después de unos años volvemos a un lenguaje corporal más "aburrido" por parte de los políticos, que sin embargo parecen tener más control y cansan menos a la audiencia. Es física y emocionalmente demandante observar a una persona agitada que sigue moviéndose.

Entonces, volvamos a tu video... Una de las cosas clave que debes aprender, especialmente al grabar videos (pero también en el escenario), es *poder mantenerte quieto frente a la cámara.* Eso no significa estar completamente quieto, o te volverías aburrido. Pero:

- *Trata de no mover tu pecho.*
- *Intenta no tocarte la cara* (no es un problema relacionado con parecer deshonesto, aunque algunos espectadores pueden incluso verlo así; hazlo y míralo: simplemente es molesto).
- *Trata de no mover demasiado la cabeza y especialmente no de arriba a abajo.*
- *Enfoca el movimiento de tus ojos, manos y brazos, y mantenlos lentos y contenidos.*
- *Trata de no mover partes de tu cuerpo (manos, etc.) fuera del plano.*

Como puedes ver, existen reglas bastante estrictas cuando quieres hacer un video y también quieres ser tomado en serio como un influencer profesional. Mira a todos los famosos y compruébalo: todos siguen estas reglas.

Te sentirás relativamente más libre en un evento en vivo. Pero si te están grabando en video, tendrás que *jugar con la cámara y no con la audiencia en vivo.*

¿CERCA O DEMASIADO CERCA?

¿Qué tan cerca debes estar de la cámara o de tu audiencia? Es un punto importante, muy a menudo descuidado o subestimado... Para empezar, necesitamos entender el concepto de distancia.

La distancia física también indica distancia interpersonal y social.

Verás estrellas del pop que se salen con la suya con increíbles primeros planos. Pero la relación entre una estrella de la música y su audiencia es increíblemente íntima. Ellos realmente tienen un vínculo de amor con su audiencia, que sabe todo sobre ellos, se sienten amigos e incluso familiares. Por eso les funciona. Del mismo modo, tu tía o hermana puede enviarte un video con una "cara grande" y eso estaría bien.

Ahora, imagina estar en una videoconferencia con tu jefe y colegas, y que de pronto ellos tengan la misma "cara grande" que tu hermana... ¡De ninguna manera! Te sentirías avergonzado, demasiado íntimo, incómodo.

Entonces, volvemos a nuestras zonas de proximidad, íntima, personal, social y pública... *La distancia del espectador, público o cámara dependerá de la relación que tengas con ellos.* En la mayoría de los casos, incluso con una cámara (realmente estoy pensando en tu vlog), mantén una *distancia social.* La misma, como sabes, es de entre 3 y 10 pies aproximadamente.

En un monitor, debes apuntar a que cuando veas tu cara en una imagen apaisada, la misma esté entre 2/3 y 1/3 de la altura del marco. Incluso allí, fíjate en la enorme diferencia que hay entre una cara que ocupa 2/3 de esta altura (bastante íntima, contacto visual intenso, alto impacto emocional) y una que ocupa solo 1/3 (más imparcial, respetuosa si quieres, y desapegada).

Esto también dependerá del tipo de podcast o discurso que desees dar. Incluso SM la Reina tiene diferentes tomas en su Discurso de Año Nuevo (por mencionar a esta vieja amiga...) Muy a menudo, la cámara comienza desde la distancia y se acerca cuando hay un contacto emocional. Un rostro más cercano tiene un impacto emocional más fuerte.

Entonces, incluso el camarógrafo de Su Majestad parece seguir nuestra regla.

CONSEJOS DE LENGUAJE CORPORAL PARA INFLUENCERS

Para un influencer, el lenguaje corporal es una habilidad esencial. Pocas personas han llegado a la esfera pública sin buenas habilidades de lenguaje corporal. Algunos, tal vez científicos o artistas extremadamente talentosos, se oponen a la tendencia. Pero son pocos y tienen habilidades excepcionales en otras áreas. Para la mayoría de las personas, incluso con muy buenas habilidades en su "oficio", el lenguaje corporal es un factor determinante de éxito.

Ahora estás aprendiendo a utilizar tus habilidades de lenguaje corporal. Y hemos visto algunos principios importantes. Ahora es el momento de "perfeccionar tus habilidades" con algunos consejos prácticos... ¡Aquí están!

1. Obtén siempre "la opinión de una tercera persona"

En realidad, nunca aprecias completamente cómo "te ves frente a los demás". Especialmente al principio, pídele a un amigo que verifique cómo te ves en vivo, cómo suenas y cómo se ve tu discurso, o cómo tu video impacta al espectador.

En realidad, los verdaderos profesionales harán esto incluso cuando estén en la cima de su carrera, como los cantantes que toman lecciones de canto incluso cuando están en la cima de las listas... Si conoces a alguien con algo de experiencia en "el oficio", atesora su opinión. Me refiero a actores, directores, profesores de teatro, oradores públicos, expertos en medios, fotógrafos, operadores de cámara y similares.

2. Desarróllate lentamente

Necesitarás construir tu repertorio de lenguaje corporal lentamente. Pero incluso una vez que seas profesional y estés establecido, *sigue desarrollando y mejorando tu lenguaje corporal, pero hazlo paso a paso y lentamente.* Un "cambio repentino de carácter" puede parecerle algo extraño, desconocido, incluso sospechoso a tu audiencia... ¡No te arriesgues!

3. Aprende de los expertos

Sigue mirando y observando a otras personas en tu campo y a los influencers en general. *Lee y analiza su lenguaje corporal.*

Experimenta imitando e incorporando algo de su lenguaje corporal al tuyo. Antes de "hacerlo público" y usarlo en un discurso o vlog, por favor:

- Consulta con un amigo a ver si funciona.
- Asegúrate de que encaje con tu persona, tema, contenido, audiencia, etc.
- Úsalo sólo una vez que sientas que lo has "hecho tuyo". Es como conducir un automóvil, necesitas sentir que se te da de forma natural antes de poder conducir uno.

4. Prepárate para cambiar

Desarrollar tu lenguaje corporal no solo significa "agregar signos"; también significa "eliminar signos". Al final, nunca se sabe cómo va a responder tu audiencia a las señales... Incluso las señales que crees que son buenas pueden terminar siendo un fracaso total. No lo tomes como algo personal y deshazte de estos, si es necesario.

5. Nunca hagas el paso más largo que la pierna

Este es un dicho italiano, que significa que solo puedes traer cambios que estén dentro de tus capacidades... ¿Recuerdas cuando Theresa

May, la primera ex ministra del Reino Unido, trató de lucir joven y moderna mientras caminó bailando en el escenario?

¿Por qué fue un desastre? ¿Porque no es una bailarina muy buena? Sí, bueno, eso también. Y por lo general no se ve a un político como una persona con la que bailarías... Entonces, en este caso, ella lo llevó demasiado lejos sin tener las habilidades para hacerlo. Aprendamos de los errores de otras personas...

6. Usa tu espejo

Dijimos que tu espejo es tu mejor amigo. ¡Úsalo! Incluso si nunca te dará los ojos de un espectador, incluso si nunca será igual que la cámara, ensayar frente al espejo es una práctica excelente.

Te dará un circuito de retroalimentación inmediata de lo que haces a lo que ves. De esta forma, podrás corregirte de inmediato, sin el riesgo de naturalizar, o internalizar un signo, un gesto o un movimiento, lo que luego dificultaría tu corrección.

7. Encuentra un equilibrio entre el ensayo y la espontaneidad...

Sin embargo, a veces miramos un discurso, un video, una presentación y decimos: "No suena real". En la superficie, sin embargo, parece "perfecto". Entonces, ¿qué es lo que suena como "perfecto, pero no real"? Es la falta de espontaneidad.

El agente de ventas que repite la historia a la perfección, incluso con los gestos correctos, pero que no parece que sea la primera vez que la dice, tiene pocas posibilidades de conseguir tu interés, ¡y mucho menos tu dinero!

En cierto modo, hay un gran concepto del teatro que debemos tener en cuenta aquí: *no importa cuánto ensayes una obra, ¡debes recordar que cada actuación es un evento único en el tiempo!* No es como volver a reproducir una película. Es un evento aquí y ahora, con su propia presencia, y necesitas hacer que tu audiencia sienta que está presenciando un evento único.

No te preocupes si lo harás casi exactamente igual mañana... siempre y cuando ellos "sientan" que no estabas simplemente repitiendo palabras...

Y entonces, ya ves que el lenguaje corporal es fundamental para el papel de los influencers, pero que lo que importa es que construyas tu propio estilo personal, que se adapte a tu campo, tu medio y, por supuesto, a tu audiencia.

Pero, ¿qué tal si tu vlog o discurso está destinado a verse en el Reino Unido en lugar de en los Estados Unidos? ¿O qué tal si estás haciendo un video para tus clientes japoneses? ¿Cómo necesitarías cambiar tu lenguaje corporal?

16

DIFERENCIAS CULTURALES EN EL LENGUAJE CORPORAL

Tomemos un café en una terraza en el golfo de Sorrento, cerca de Nápoles, Italia... Un paisaje maravilloso, un mar increíble y una luz solar impresionante. La comida es excelente y la gente gesticula como si estuvieran montando un espectáculo. Un vuelo rápido a Londres, no tan lejos, y vamos a un salón de té... Allí, verás, que el sol, bueno, se ha ido; los muebles son encantadores, pero la gente parece estar ocultando todos sus gestos. En realidad, cuanto más te pareces a una estatua de mármol, más encajas.

¡Sí, has acertado! Volvemos al tema recurrente de naturaleza vs crianza... Las diferencias culturales (crianza) realmente pueden afectar el lenguaje corporal, hasta el punto de que se puede reconocer la nacionalidad de una persona, pero no solo (también la clase, etc.) por la forma en que se mueve, gesticula, se para, subraya lo que dice, etc.

Teniendo en cuenta tus posibles aspiraciones como influencer, la cultura con la que tu audiencia se identifica principalmente también es importante para desarrollar tu lenguaje corporal.

Del mismo modo, si alguna vez tienes un trabajo en el que necesitas tratar con personas de todo el mundo, deberás ser consciente de los gestos y el lenguaje corporal que son (y, sobre todo, no) apropiados. Esto no solo incluye a los negociadores y vendedores internacionales, incluso los profesores de TEFL lo necesitarán, o tal vez si decides viajar y quieres encajar...

¿ES APROPIADO?

Hemos visto que hay cosas que parecen "normales" en un condado pero que a la vez pueden hacer que te despidan en otro, por ejemplo, poner los pies sobre la mesa (está bien en los Estados Unidos, pero no en otros lugares). Pero también hay señales más pequeñas que pueden no poner en riesgo todo tu trabajo, pero pueden "dar una impresión equivocada", especialmente de manera subconsciente. Y sabes lo que eso significa...

Para empezar, establezcamos una regla general:

Menos es más cuando se trata de lenguaje corporal y culturas diferentes

¿Qué queremos decir con esto? Especialmente si estás en un viaje de negocios (o similar) la idea es "nivelar tu lenguaje corporal al mínimo" para evitar malentendidos. Cada gesto inusual sobresaldría de manera insólita.

Esto, por supuesto, no significa que debas convertirte en un robot, eso te haría parecer aburrido, artificial e incluso dar la impresión de que estás escondiendo algo. Sin embargo, trata de reducir el tamaño y la frecuencia de tus gestos.

Mantente dentro de tu zona íntima

Esto es bastante limitado, pero mira, por ejemplo, a un empresario japonés... El mismo ocupará el menor espacio posible, mantendrá las manos y los brazos a los lados tanto como sea posible; se sentará erguido y evitará estirar las piernas...

Los asiáticos son muy conscientes de los espacios de otras personas. Esto se debe a una cultura que valora la "conciencia del otro", y lo hace mucho más que la mayoría de las culturas occidentales. También existe la conciencia de que "el espacio se comparte". Es por eso que pueden vivir en espacios pequeños (pero muy ordenados) en comparación con los occidentales... Pero esto también significa que *ocupar un espacio excesivo se considera absolutamente grosero, desconsiderado y de malos modales.*

Si tienes una reunión con gente de todo el mundo, *utiliza el mínimo denominador:* pequeños gestos, poco espacio ocupado, etc. como forma de respeto hacia todos.

Observar el lenguaje corporal en estas reuniones también te mostrará cómo va la cosa una vez que tengas experiencia en el tema.

Sé adaptable

Habiendo dicho esto, debemos mirar el otro lado de la moneda. *Un lenguaje corporal rígido y muy restringido puede considerarse*

"poco confiable" en algunas culturas, por ejemplo, las mediter-
ráneas (incluida América del Sur).

Las culturas española, italiana y portuguesa, así como muchas culturas
africanas, tienen una forma muy amplia de lenguaje corporal. El
contacto es común incluso con extraños, ellos fácilmente van más allá
de la zona íntima, en realidad tienden a moverse casi libremente en la
zona social. Sus gestos son más acentuados y dan la bienvenida a un
lenguaje corporal creativo e inusual.

Entonces, si estás tratando con personas de estas culturas, es posible
que desees estar un poco más relajado con tu lenguaje corporal, sin
embargo...

Usa la imitación, pero no la conviertas en una burla

Imitar, como bien sabes, es una técnica clave del lenguaje corporal.
Pero ten cuidado... Úsala con moderación y si te sientes cómodo con la
misma, o el resultado puede ser contraproducente.

Imagínate si siguieras haciendo una reverencia (como hacen algunos
asiáticos) en una reunión... Por un lado, puede tomarse como una
forma de respeto, por otro lado, puede parecer que te estás burlando
de ellos. Verás, *puedes mostrar respeto por una cultura, pero no
puedes apropiarte de ella, y debes mostrar respeto hacia ella con tu
lenguaje corporal. Recuerda que no es tu cultura, es la de ellos.*

No utilices signos y gestos que no conozcas

Dicen que el diccionario de italiano está en dos volúmenes: uno para
palabras y otro más grande para gestos... Estos mismos gestos son
muy interesantes para los analistas del lenguaje corporal, y puede que

te sientas muy atraído por ellos. Sin embargo, ten en cuenta que estos muchos gestos tienen una amplia gama de significados, y algunos son francamente groseros y negativos; en realidad, muchos de ellos.

Pasar los dedos por debajo de la barbilla y acariciarla con la punta de los dedos hacia afuera, por ejemplo, parece bastante inocente, ¿verdad? Desafortunadamente, significa "No me importa lo que estás diciendo", y puedes agregar un improperio después de "importa" para que el significado sea apropiadamente correcto...

Sé cuidadoso con los pies

Los pies son muy importantes para el lenguaje corporal por muchas razones:

- No estamos muy conscientes de ellos.
- Tienen una fuerte conexión con el piso, con el suelo.
- Tienen fuertes implicaciones culturales.
- A menudo se los considera desagradables, y su uso puede ser descortés.

Por ejemplo, en muchos países asiáticos (Filipinas, por ejemplo), mostrar las plantas de los pies es, en cualquier momento, absolutamente de mala educación.

En algunos países, sin embargo, como los países árabes, las personas señalan con los pies, no con las manos.

En algunos países es necesario quitarse los zapatos en interiores. Esto sucede en la mayoría de los países asiáticos, pero también en los escandinavos. En otros países, como en España, quitarse los zapatos incluso en interiores es de mala educación... Y dejarlos puestos en Japón es de mala educación...

Entonces... Comprende lo que se espera de ti. Y el hábito de quitarse los zapatos en interiores se está extendiendo en muchos países occidentales, pero especialmente entre las personas "no convencionales", como los amantes de la naturaleza de mentalidad liberal, etc.

Evita tocar a las personas con los pies.

Evita levantar los pies por encima de la rodilla. Eso es como un "límite" de la decencia en muchos lugares.

En países como la India, los pies se consideran sucios, pero, sin embargo, tocar los pies de los mayores es una señal de respeto.

En situaciones de negocios, generalmente es aconsejable evitar llamar la atención sobre tus pies.

Por otro lado, una banda de pop se sentará en el sofá con los pies claramente a la vista; eso es informalidad, les hace verse a gusto y "con amigos", y también llama la atención sobre las zapatillas, que, como sabes, son un identificador cultural.

Hay un nivel de relatividad en todo, incluso en el lenguaje corporal y en cómo se usa en diferentes culturas.

¿Qué queremos decir con "cultura"?

Hasta ahora, hemos analizado principalmente las culturas a lo largo de sus determinantes más comunes, fáciles de entender e importantes: origen, nacionalidad, pertenencia regional... Pero la cultura se mueve en muchas líneas:

- *Origen*
- *Edad,* la distancia cultural entre generaciones se refleja también en el lenguaje corporal.
- *Educación,* de hecho, incluso dentro de la misma ciudad la brecha educativa puede ser muy marcada.
- *Etnia,* que, en términos de lenguaje corporal, puede significar diferentes expresiones idiomáticas.
- *Afiliación cultural,* por lo que nos referimos a todas las variantes culturales, desde el tipo de música que te gusta hasta tu inclinación política, religiosa, espiritual e ideológica.

Todos estos son factores que debes tener en cuenta en todas las circunstancias y, en particular, si estás tratando de cerrar un trato comercial internacional.

ACUERDO COMERCIAL INTERNACIONAL EXITOSO

Los acuerdos comerciales internacionales, como los acuerdos entre estados, son una obra maestra del despliegue de las habilidades del lenguaje corporal. Mira la fotografía oficial de un acuerdo internacional entre países y te darás cuenta de lo escenificada hasta el más mínimo detalle que está. Dónde la gente se para o se sienta, quién está a la derecha y quién a la izquierda, el apretón de manos, etc.... Todo está armado para dar una señal precisa.

En este punto, por ejemplo, sabrás que, en el apretón de manos, el hombre de la derecha siempre tiene la "ventaja"... Se ve más poderoso porque puedes ver el dorso de su mano en la fotografía, mientras que si estás a la izquierda, tu mano desaparece detrás de la de la otra persona, y pareces menos importante... Es más, la persona de la derecha muestra la parte exterior de su brazo, la parte fuerte, la de la izquierda muestra el interior suave de su brazo, la parte vulnerable...

Esto es solo para mostrarte que es un tema delicado cuando hablamos de acuerdos internacionales. Ahora, por ejemplo, en un trato comercial con asiáticos, ¿deberías dar la mano o hacer una reverencia?

Esto ha cambiado a lo largo de los años, ya que ha cambiado la posición de Asia. Especialmente cuando estás en Asia, hoy en día el protocolo aceptado es usar ambos. Hace largo tiempo, cuando Occidente era muy dominante y el lenguaje de los negocios se centraba principalmente en Estados Unidos y el Reino Unido, el lenguaje corporal de estos países también predominaba. Hoy en día, sin embargo, la economía asiática se está volviendo cada vez más importante e incluso las transacciones comerciales están cambiando de apariencia, sabor, estilo...

El estilo de negocios estadounidense es bastante informal y, en algunos casos, incluso se alienta a mostrar cierta arrogancia. Eso es inaceptable en la mayoría de los países del mundo y especialmente en Asia. No importa en qué tipo de trato estés trabajando, si es justo para ambos, si estás "haciendo trizas al competidor" o si estás del lado perdedor...

En los acuerdos comerciales internacionales hay *un sentido de formalidad muy fuerte. Es como si las reglas de comportamiento fueran siempre las mismas. Es como una ceremonia, con pasos establecidos de antemano que seguirás sea cual sea el trato...*

El apretón de manos suele ser un ritual; sucederá al principio, a modo de saludo, al acordar el trato (que en realidad es un "vamos a darnos la mano en esto") y también sucederá al final, en la despedida, como signo de amistad y promesa de cumplimiento del trato.

Pero esto no es todo... Hay un sentido muy rígido de jerarquía y posición relativa en estas reuniones. La persona más "poderosa" es la primera en dar la mano para estrechar (de hecho, con personas como la Reina o el Papa, es de mala educación iniciar el apretón de manos).

Si te vas a reunir con un empresario de alto nivel y le das la mano primero, te verás muy ambicioso, decidido e incluso arribista... Para algunas personas, esto puede representar incluso una ventaja, pero para la mayoría de los empresarios esto sería normalmente visto como una ofensa, un insulto a su posición superior.

Del mismo modo, sentarse también está muy formalizado; siempre espera a que el anfitrión te indique que puedes sentarte y siempre trata de sentarte después de que estén presentes las personas mayores.

Si hay asiáticos, ten en cuenta que *la antigüedad es extremadamente importante para ellos, y esto incluye la edad.* El hecho de que te sientes ante una persona que es mayor que tú es un gran desafío para su longevidad, mientras que se espera que te inclines primero y bajes el tronco. Eso puede marcar la diferencia entre un trato exitoso y un desastre total.

El sexo puede ser un tema importante en los acuerdos internacionales... *En muchos países, las mujeres aún no se consideran iguales a los hombres.* Esto significa que para las mujeres es mucho más difícil encontrar un lugar alrededor de importantes mesas de negocios internacionales, y que, incluso si lo hacen, tendrán una oposición más fuerte, problemas con los prejuicios, etc. El lenguaje corporal de las mujeres es muy a menudo examinado, por lo que deben ser muy buenas y cuidadosas en verdad.

Además de las reglas generales y el establecimiento de acuerdos comerciales internacionales, hay muchas cosas que debes conocer.

Para empezar, *nunca muestres signos de estar nervioso, inquieto o aburrido.* No hay que dar golpecitos con el pie, hacer clic con el bolígrafo y juguetear con los papeles si quieres hacer un buen negocio...

El gesto de "mirar la hora" también es realmente peligroso. Es una señal de que quieres salir de allí o de que tienes prisa. Es cierto que está permitido, pero solo si lo hace el "presidente" o la persona que necesita dar por terminada la reunión. Si alguien más lo hace, realmente puede dar señales equivocadas...

También debes *evitar cualquier signo de agresión o arrogancia.* Deja las películas de Hollywood con hombres o mujeres de negocios engreídos en la estantería de DVD... No representan la realidad. Tratar con otros empresarios significa tratar de sacar lo mejor de ellos. Tienen algo que ofrecerte, de lo contrario no estarías allí. Entonces, *respeto es la palabra clave.*

Asentir se ve generalmente como una señal de acuerdo. Habrás visto a secretarios extranjeros e incluso presidentes asentir cuando un político extranjero estaba hablando, y en su propio idioma... Por supuesto, no entendieron una palabra de lo que se decía... y, aun así, su asentimiento fue tomado de la forma en que se suponía: como un signo general de acuerdo, más como un signo de unión que como un comentario sobre un punto en específico.

Por lo tanto, asiente con regularidad, incluso si no entiendes lo que se está diciendo. Pero con regularidad no significa todo el tiempo, o terminarás haciendo el ridículo. *Trata de entender cuándo la persona está haciendo un comentario en particular y asiente.* Una vez más, mantén todo minimizado: una pequeña inclinación de cabeza, sólo un indicio de una inclinación de cabeza, ¡no como en un concierto de heavy metal!

Por último, y sobre todo, *nunca evites el contacto visual.* De hecho, trata de mantener los ojos en alto, evitando mirar hacia abajo (además de cuando revisas tus notas). Deja que tus ojos se muevan por la habitación o el lugar, pero mantenlos al nivel de los ojos de las otras personas (aproximadamente). Mirar hacia abajo puede tomarse como una señal de derrota o una señal de que estás en problemas. Mirar hacia arriba puede dar la impresión de que quieres salir de allí. Mirar hacia atrás también es una señal de que esperas que algo diferente suceda, o de que estás buscando ayuda.

Trata de estar listo para entablar contacto visual e intenta desconectarte absolutamente al mismo tiempo que la otra persona. Interrumpir el contacto visual demasiado pronto es un signo de falta de confianza e incluso deshonestidad; mirar fijamente a los ojos de una persona después de que esta se ha alejado puede ser tomado como un desafío, puedes parecer insistente e incluso agresivo.

Por lo tanto, trabajar en un acuerdo comercial internacional es una cuestión de equilibrio fino y delicado. Realmente necesitarás usar todas tus habilidades de lenguaje corporal para salir adelante con éxito. Y ahora, para ser honesto, ya eres un experto en lenguaje corporal. Pero el buen aprendiz es aquel que sabe cómo superarse a sí mismo, y es por eso que el último capítulo de este libro está destinado a ayudarte a convertirte en un lector y usuario del lenguaje corporal independiente y siempre en perfeccionamiento...

17

APLICANDO LO QUE APRENDES

Mira el viaje que hemos hecho juntos... ¡Has aprendido tanto! Desde los principios básicos del lenguaje corporal hasta moldear y desarrollar tu propio lenguaje corporal, incluso a nivel profesional...

Pero como sabes, nunca dejamos de aprender. En verdad, las personas que se apasionan por un tema continúan estudiándolo, actualizando sus conocimientos y volviéndose cada vez más profesionales mucho después de que terminan sus estudios formales. Y, quién sabe, cosas nuevas pueden salir a la luz incluso en nuestro campo...

Entonces, este no es el final de tu viaje. Pero mi deber es asegurarme de que sigas aprendiendo, que sigas desarrollando tus habilidades y que, a partir de ahora, puedas hacerlo de forma independiente.

El principio clave del crecimiento personal y profesional es que aplicas tus habilidades, e incluso las experimentas, en diferentes áreas de tu vida:

- *La vida cotidiana*
- *Relaciones*
- *Hablar en público*
- *Trabajo*
- *Negociaciones*

¡Así que vamos!

LA VIDA COTIDIANA

Habrás notado que todos nuestros ejercicios solo toman unos minutos y puedes hacerlos incluso cuando estás de compras, durante las actividades diarias normales. Hay una razón para esto. En realidad, hay muchas... Para empezar, todos estamos ocupados y pocos de nosotros tenemos horas enteras para dedicarnos a nuestro autodesarrollo. Además, es más fácil aprender algo con esfuerzos pequeños pero regulares. Los pequeños errores también tienen consecuencias más manejables. Finalmente, adquirir confianza en el tema es la mejor manera de aprender, es decir, usarlo en tu vida diaria.

Sigue usando tus habilidades de lectura del lenguaje corporal en el autobús, cuando vayas de compras, cuando estés en el trabajo, etc.
... Esta práctica es tan esencial para tu desarrollo como para nosotros lo es respirar o beber agua.

Encuentra lecturas sobre el tema. Es bastante popular, lo que significa que puedes encontrar artículos online, etc. Sin embargo, en muchos casos estos no son artículos profesionales. Una búsqueda rápida online ha sacado a relucir más mitos urbanos que verdades. Pero... hay profesionales (y te daré una lista de lectura). Para empezar, duda de cualquiera que te diga "este signo siempre significa esto"... Sigue los principios básicos de este libro y te resultará fácil distinguir a un charlatán de un profesional del lenguaje corporal.

Asegúrate de utilizar revistas fiables, pero, sobre todo, *observa a los lectores de lenguaje corporal en acción.* Estos son siempre muy perspicaces y una gran fuente de conocimiento e información.

Reserva unos minutos todos los días para estudiar y mejorar tu lenguaje corporal. Y date descansos. Quizás cinco días de siete, o incluso tres estarían bien. ¿Cuándo? Encuentra uno de esos puntos ciegos que todos tenemos en la vida, esos momentos inútiles como cuando vas al trabajo, el tiempo que pasas en el baño, mientras esperas el autobús, etc.

Ten en cuenta que tu lenguaje corporal debe adaptarse principalmente a ti. No cedas a complacer demasiado a los demás. Establece un equilibrio; trata de mejorar por todos los medios por tu familia y amigos, pero no asumas que debes hacerlo sin crítica.

RELACIONES

Leer el lenguaje corporal puede ayudarte a tomar decisiones amplias en lo que respecta a las relaciones sociales. Desarrollar tu propio lenguaje corporal puede ayudarte a mejorar tus relaciones sociales.

Sin embargo, ten en cuenta el principio clave: *una evaluación apresurada probablemente sea una evaluación incorrecta.* Lo que nos lleva a nuestro viejo dicho "no saques conclusiones apresuradas".

Al mismo tiempo, *trata de no utilizar a tus amigos y familiares como conejillos de Indias.* Leer un poco aquí y allá está bien, pero siempre ten en cuenta que su valor es de personas, que son partes importantes de tu vida y que nunca debes objetivarlos.

Opta por personas que no conozcas bien para leer su lenguaje corporal. Para comenzar, empezarás con una mente más clara y menos prejuiciosa. En segundo lugar, no correrás el riesgo de cambiar o incluso arruinar relaciones importantes. En general, *evita el análisis del lenguaje corporal con personas importantes para ti.* Esto no es un "no debes"; es, como está escrito, un "evita".

Si usas la lectura del lenguaje corporal con otras personas impor-tantes, diles que lo has hecho y lo que has descubierto. Los lectores del lenguaje corporal a veces usan sus habilidades en desacuerdos; bueno, después de hacerlo, deben entablar una conversación en igualdad de condiciones al respecto.

En términos de mejorar tu lenguaje corporal, las relaciones sociales pueden ser una luz por un lado, o una causa de caos por el otro... En pocas palabras, *no puedes cambiar tu lenguaje corporal para adap-tarte a cada relación social individualmente.* Puedes tener un reper-torio que te permita algunos cambios, pero no puedes adaptarlo a cada individuo.

Necesitas mantener una línea de base constante con todos. Si cambias demasiado, la gente lo notará y parecerás falso, engañoso y poco confiable...

Recuerda también que si experimentas con tu lenguaje corporal con las relaciones, hazlo en pequeñas dosis y en pequeños pasos. No te enfrentes a un amigo con un gran cambio repentino, ya que él/ella puede desorientarse y tu relación puede verse afectada.

HABLAR EN PÚBLICO

Hablar en público es un arte... Creo que algunos comediantes son geniales en una obra de teatro o en una serie de televisión, pero luego vas a ver su stand up y es una decepción. Esto significa que incluso los profesionales capacitados encuentran bastante difícil pararse frente a una audiencia solos y hablar...

Con respecto a esto, te daré un consejo muy rápido: *el tiempo es esencial.* A menudo puedo ver a los comediantes hacer grandes bromas, pero luego hay un desajuste de una fracción de segundo en la parte final del chiste y como consecuencia este no funciona (o no tan bien). Entonces, esto significa que hablar en público es difícil, pero que debes *seguir trabajando en tu control del tiempo.*

No pruebes algo que no te convenga al hablar en público. Sería como si el Papa estuviera contando un chiste sucio. No importa lo bueno que pueda ser, nunca funcionará.

Aquí, *encontrar el equilibrio adecuado entre ser serio y hacer alguna broma* puede marcar la diferencia entre un buen discurso y un desastre. Los presidentes de los Estados Unidos en promedio lo han hecho bien. Los primeros ministros del Reino Unido han fracasado tradicionalmente.

En muchos discursos de negocios, ahora comenzar con una broma se ha convertido casi en un formato. La mayoría de las *Ted Talks* comienzan con una broma. Y en promedio son buenas... *¡Pero asegúrate de ensayar tu chiste de introducción a la perfección y también asegúrate de que sea un buen chiste!* Además, asegúrate de que sea una broma que todos puedan entender, pero que al mismo tiempo suene original y no desesperada.

No te rías durante tu broma, sino que *congela tu cara al final.* Ese es el truco, ya ves... Esa es la pista no verbal de que la broma ha terminado, y estás esperando la respuesta del público. Elige ese momento en el que te congelas con mucho cuidado.

Por supuesto, *mira tantos discursos públicos como puedas.* De hecho, las Ted Talks son una práctica excelente; tienes una variedad de oradores, temas y estilos diferentes. No todos son súper profesionales y no todos tienen tanto éxito. Pero eso es una ventaja, porque puedes ver dónde puedes equivocarte, lo cual es más difícil si solo miras a grandes profesionales. Agrega a esto mítines políticos, presentaciones de negocios y, por supuesto, ¡stand up!

Ten en cuenta que la audiencia siempre es diferente. Algunas audiencias son realmente muy difíciles. No entres en pánico y *no exageres tu lenguaje corporal si la audiencia es difícil de complacer y hostil.* Esa es una reacción instintiva pero también un error. Si son hostiles, interpretarán tus exageraciones como bufonadas y lo más probable es que no las aprecien.

TRABAJO

La mayoría de nosotros pasamos la mayor parte de nuestra vida en el trabajo o en actividades relacionadas con el trabajo. Esto significa que el lenguaje corporal que usamos en el trabajo puede marcar una gran diferencia en nuestra calidad de vida e incluso mejorar (o dañar) nuestras oportunidades profesionales...

Entonces, algunos consejos finales con respecto a esto...

Primero que nada, *enfócate en tu resistencia.* ¿Conoces a ese viejo empleado que va a trabajar todos los días a la misma hora y se va todos los días después de una jornada dura y, sin embargo, parece que no ha hecho ningún esfuerzo? ¿Conoces al joven empleado que entra, corre todo el día y se va a casa hecho un desastre?

De acuerdo, el primero ha desarrollado la resistencia física (PD: ¡todos los estudios muestran que los empleados antiguos son más productivos y que hay una diferencia entre actividad y eficiencia!). Si te da la sensación de que la persona puede atravesar el día con poco o ningún esfuerzo es porque... ¡Mira sus hombros! ¡Se mantienen alzados todo el día! Entonces...

Mejora tu lenguaje corporal al salir del trabajo. ¿Crees que tu jefe no te ve salir de la oficina? ¿Crees que no se da cuenta de que sientes el peso del día sobre ti? Ahora bien, ¿crees que, con una promoción que ofrecer, tu jefe elegirá a alguien que parece que tiene que arrastrarse durante el día o alguien que ya está en dificultades a las 5 de la tarde todos los días? Y tu jefe no necesita ser un lector del lenguaje corporal: recuerda que la mayoría de estas ideas se forman de manera subconsciente.

Controla tu lenguaje corporal a medida que avanzas en tu carrera. Si alguna vez has estado en un comedor o sala de personal y escuchaste los comentarios sobre personas que obtuvieron un ascenso, lo sabrás... La mayoría de los comentarios, si son negativos, se enfocan en el cambio de "actitud" (y lenguaje corporal) de la persona.

No muestres a tus "antiguos compañeros" que te sientes superior. De hecho, los buenos gerentes establecerán relaciones igualitarias con las personas que administran. Esa pequeña falta de respeto de parecer superior no solo te costará amigos, eficiencia y producción. Puede volver a afectarte más adelante, cuando seas más vulnerable.

Elige momentos del día para corregir tu lenguaje corporal. Verás, puedes comenzar el día con una postura perfecta, pero a medida que pasa el tiempo, comienzas a encorvarte, a inclinarte sobre tu escritorio, etc.... Entonces, te sugiero que te concentres en tu lenguaje corporal al salir de casa, al entrar al lugar de trabajo, en cada pausa para el café, cuando vas al baño, cada vez que entras a la oficina de tu jefe y cuando te vas.

Tira de la cuerda. Un truco simple que usan los cantantes de ópera es imaginar que tienen una cuerda que cae al suelo desde la parte superior de su cráneo, en el medio de la corona. Tiras de esa cuerda y alineas tu cuerpo con ella, y eso te da una postura perfecta y erguida. Como la postura de una marioneta...

NEGOCIACIONES

Las negociaciones pueden ser parte de tu trabajo, pero también de tu vida diaria. Cada vez que vas a una tienda o mercado negocias (quizás no sobre el precio, sino sobre la elección de los artículos, etc....) Y tenemos que negociar incluso en nuestra vida social... ¿Quieres ir al cine pero tu pareja quiere quedarse en casa? Bueno, ¡tendrás que negociarlo!

Negociar es otro conjunto difícil de habilidades, tal vez incluso un arte (metafóricamente). Por esta razón, el lenguaje corporal es clave para el éxito. Y aquí tienes algunos consejos que te ayudarán a desarrollarlo.

Utiliza algunos negociadores habituales. Intenta llegar a acuerdos con las mismas personas ahora que sabes leer el lenguaje corporal. Esto te permitirá ver patrones de comportamiento e incluso pequeños signos. Verás, si cambias de persona cada vez, solo tienes la oportunidad de ver signos importantes. Pero si deseas perfeccionar tus habilidades, deberás analizar a la misma persona muchas veces.

Experimenta solo cuando la posición en juego sea baja. Si estás regateando el precio de un kilo de patatas, juega con diferentes signos del lenguaje corporal, etc. Pero si estás negociando para conseguir el trabajo de tus sueños, es mejor prevenir que curar.

Juega juegos en los que las negociaciones sean fundamentales. Eso te dará la oportunidad de mejorar tu lenguaje corporal al negociar de una manera segura pero educativa. Algunos juegos de cartas tienen mucha negociación (y lenguaje corporal) en ellos. El monopolio y los juegos similares también tienen los mismos elementos, etc.

Estudia a los grandes negociadores. Hoy en día hay algunos programas de televisión que muestran negociaciones, pero ten cuidado. Suelen ser falsas y distorsionadas. Tienen la "narrativa de Hollywood", esa del mundo duro y arrogante. Bueno, de hecho, es duro y arrogante, no me malinterpretes. Pero no quieres ser arrogante con alguien que puede darte un trato o dárselo a otra persona...

Esa arrogancia que existe (lamentablemente) entre jefe y empleado se convierte en amabilidad e incluso en falso servilismo cuando se trata de conseguir un trato que necesitas.

Estudia diferentes culturas. Por ejemplo, los árabes son maravillosos negociadores. Por otro lado, entrenan para ello... Vas a una mega-tienda y el precio es fijo. Incluso en la tienda de comestibles el precio es fijo. Bueno, en el mundo árabe, el centro es el mercado, donde todo el mundo regatea precios todo el tiempo. Es algo esperado. Es normal. Entonces, incluso un niño que hace las tareas de su madre comienza a aprender a negociar...

DESARROLLO FUTURO

El lenguaje corporal es ahora una disciplina completamente desarrollada, lo que significa que seguirá creciendo, pero tal vez a un ritmo menor y con menos "grandes descubrimientos" que en el pasado. Cuando las disciplinas se vuelven "adultas", tienden a especializarse en lugar de pasar por revoluciones.

Pero vendrán cosas nuevas y necesitarás conocerlas. Y, mientras estás en eso, tal vez puedas llevar un buen diario de cómo progresa tu lenguaje corporal, tanto en términos de lectura como de tu propio desarrollo...

CONCLUSIÓN

Parece que fue ayer cuando comenzamos este viaje juntos. Personalmente, siento que ha sido muy fructuoso, con tanto de qué hablar, tantos giros y vueltas a lo largo del camino. Para ti, espero que haya sido agradable y, sobre todo, útil e informativo.

Mirando hacia atrás, hemos pasado de los principios mismos del lenguaje corporal, cómo surgió y cómo se desarrolló al inicio, a usos muy avanzados del mismo, incluido cómo usarlo profesionalmente...

A lo largo del camino, seguimos oscilando como un péndulo entre leer el lenguaje corporal y aplicarlo a nuestra propia personalidad, a la forma en la que nos presentamos. Un poco como leer y escribir cuando se trata de lenguaje verbal: una es la "habilidad pasiva" y la otra es la "habilidad activa", como dicen profesores y educadores.

Hemos explorado todos los diferentes campos del lenguaje corporal: kinésica, proxémica, oculesics, etc. Observamos cada parte del cuerpo en detalle, de la cabeza a los pies, literalmente, y muchas veces... Ahora también sabemos que leer lo que las personas comunican con su cuerpo no es cuestión de "sumar signos discretos"; es una actividad holística. Necesitas leer los signos individuales dentro de la perspectiva general, la apariencia general, un poco como cuando lees palabras dentro de un párrafo...

También hemos aplicado nuestro conocimiento a muchas áreas diferentes de la vida: desde la vida privada hasta los negocios, pasando por las relaciones sociales, ahora tienes un buen conjunto de herramientas para leer lo que las personas realmente quieren decir con su cuerpo. Es más, ahora tienes un repertorio amplio y creciente de señas y "modismos" del lenguaje corporal para usar tú mismo.

A lo largo de este viaje, como bien sabes, han surgido dos palabras con regularidad, "naturaleza" y "crianza". Sin embargo, esto no es extraño... Ha sido una gran dicotomía (o dos formas de leer e interpretar la realidad) en la filosofía y la ciencia desde los tiempos de los antiguos griegos.

Y en lo que respecta a la crianza, hemos visto cómo las diferentes culturas influyen en gran medida en la forma en la que nos expresamos con nuestro cuerpo. Y con un mundo que se vuelve metafóricamente más pequeño día a día, comprender estas diferencias culturales puede marcar la diferencia entre una carrera internacional brillante y exitosa o terminar en una oficina provincial sin perspectivas de un futuro mejor.

Y, de hecho, espero que hayas apreciado el equilibrio entre la teoría y la práctica que intenté plasmar en este libro. Pido disculpas si tuve que presentar ciertas teorías (a veces incluso avanzadas y complejas). Por otro lado, pensándolo bien, espero que lo hayas disfrutado, porque es la teoría la que nos da esas líneas generales que usamos para dar sentido al mundo que nos rodea.

Sin embargo, los muchos ejemplos reales, prácticos y, espero, a veces coloridos de este libro, pueden ser los que mejor se te queden en la mente. Son el "color" de este libro. Y hemos tenido algunas oportunidades de sonreír e incluso reír en el camino.

Y los ejercicios que propuse, confío, fueron fáciles de hacer y nunca tomaron más tiempo del necesario. Como estamos a punto de separarnos, tal vez hasta nuestro próximo libro, ten en cuenta que tu mejora como lector y como usuario del lenguaje corporal vendrá de muchas sesiones y ejercicios frecuentes y regulares, no de grandes períodos de tiempo de vez en cuando. Es un poco como aprender un nuevo idioma o matemáticas: diez minutos cada día es mejor que dos horas una vez a la semana. Y desearía haber seguido el consejo de mi profesor de matemáticas sobre esto cuando estaba en la escuela, ¡tal vez ahora sería un físico famoso!

También ha sido agradable "volar" por todo el mundo y ver cómo las diferentes culturas usan el lenguaje corporal de diferentes maneras... Hemos viajado al este y al oeste, siempre con respeto, y hemos visto cómo incluso los saludos cambian en todo el mundo. Y, a lo largo del camino, descubrimos que nuestros pies, esas partes de nuestro cuerpo a menudo olvidadas, pueden marcar una gran diferencia si queremos integrarnos en un país extranjero, hacer amigos de ese país o llegar a un acuerdo con personas del extranjero...

Y también hemos conocido a personas que provienen de todos los caminos de la vida, desde la gente pobre y la forma en la que los raperos usan sus manos hasta Su Majestad la Reina y la forma en la que usa el lenguaje corporal para proyectar su autoridad... ¡Porque el lenguaje corporal también es una manifestación de clase, valores sociales e incluso gusto musical!

Todo ha sido "aderezado" con mucha psicología y sociología, ya que estas son las ciencias fundamentales detrás del análisis del lenguaje corporal. Y los paralelismos con la lingüística, otra ciencia que participa en nuestro campo, han sido muchos y reveladores... Pero como nuestra vida es un caleidoscopio de experiencia, a lo largo de nuestro trayecto también incursionamos en el arte, la música (clásica y pop), la literatura y, por qué no, bastante en filosofía... Todo dentro de la perspectiva de esa "madre de las humanidades" que es la historia...

Y si al principio del libro te preguntabas si el análisis del lenguaje corporal era una "charlatanería" o una ciencia real, confío en que ahora estás seguro de que es un estudio científico totalmente válido y "para adultos". Sin embargo, como con la mayoría de los campos, ten en cuenta que existen mitos urbanos y conceptos erróneos al respecto, especialmente online.

Y finalmente llegamos al punto en el que tienes que irte del nido... Quizás, y eso espero, nos volvamos a encontrar en las páginas de otro libro... Pero si no lo hacemos, te deseo todo lo mejor en tu vida personal, social y profesional. Sin embargo, ahora que has llegado al final de este libro, puedo dejarte con el corazón más tranquilo, porque si has llegado hasta aquí, *realmente* has aprendido mucho y *realmente tienes todas las herramientas y habilidades para leer el lenguaje corporal correctamente y en profundidad, y utilizarlo para hacer de tu vida una más feliz, rica y exitosa ¡en todos los aspectos!*

PÁGINA DE RECURSOS

Y si deseas explorar este fascinante tema aún más, ¡aquí hay algunas lecturas excelentes para que leas!

Cooper, B. (2019). *El dominio del lenguaje corporal: 4 libros en 1: La guía psicológica definitiva para analizar, leer e influir en las personas mediante el lenguaje corporal, la inteligencia emocional, la persuasión psicológica y la manipulación.* (Body Language Mastery: 4 Books in 1: The Ultimate Psychology Guide to Analyzing, Reading and Influencing People Using Body Language, Emotional Intelligence, Psychological Persuasion and Manipulation.) Publicado independientemente.

Cooper, D. (2020). *Decodificar personalidades de personas: cómo analizar personas conociendo las señales del lenguaje corporal y la psicología del comportamiento. Comprende lo que dicen todas las personas mediante la inteligencia emocional y la PNL. (Decode*

People Personalities: How to Analyze People by Knowing Body Language Signals & Behavioral Psychology. Understand What Every Person is Saying Using Emotional Intelligence and NLP.) Publicado independientemente.

Edwards, V. V. (2018). *Cautivar: La ciencia de tener éxito con las personas (Captivate: The Science of Succeeding with People)* (Edición de reimpresión). Portafolio.

Goleman, A. (2020). *Manipulación, lenguaje corporal, psicología oscura: cómo analizar e influir en las personas, leer el lenguaje corporal, evitar engaños, lavado de cerebro y control mental. Descubre 9 secretos para dejar de ser manipulado. (Manipulation, Body Language, Dark Psychology: How to Analyze and Influence People, Read Body Language, Avoid Deceptions, Brainwashing and Mind Control. Discover 9 Secrets to Stop Being Manipulated.)* Diamond Mind Ltd.

Houston, P., Floyd, M., Carnicero, S., & Tennant, D. (2013). *Espía la mentira: Antiguos oficiales de la CIA te enseñan a detectar el engaño. (Spy the Lie: Former CIA Officers Teach You How to Detect Deception.)* (Edición de reimpresión). St. Martin's Griffin.

Lowen, A. (2012). *El lenguaje del cuerpo. (The Language of the Body.)* The Alexander Lowen Foundation.

McGray, P. P. (2020b). *Psicología oscura y manipulación: cómo aprovechar los secretos del control mental, la PNL, el lavado de cerebro, la hipnosis, el lenguaje corporal en las citas, las relaciones y en el trabajo. (Dark Psychology and Manipulation: How to Leverage the Secrets of Mind Control, NLP, Brainwashing,*

Hypnosis, Body Language in Dating, Relationships, and at Work.) Publicado independientemente.

Navarro, J. (2018). *El diccionario del lenguaje corporal: una guía práctica sobre el comportamiento humano. (The Dictionary of Body Language: A Field Guide to Human Behavior.)* William Morrow Paperbacks.

Navarro, J., & Karlins, M. (2008*). Lo que todos dicen: La guía de un ex agente del FBI para acelerar la lectura de la gente. (What Every Body Is Saying: An Ex-FBI Agent's Guide to Speed-Reading People.)* (Edición ilustrada). William Morrow Paperbacks.

Rouse, S. (2021). *Comprender del lenguaje corporal: cómo decodificar la comunicación no verbal en la vida, el amor y el trabajo. (Understanding Body Language: How to Decode Nonverbal Communication in Life, Love, and Work.)* Rockridge Press.

Segal, I. (2010). *El lenguaje secreto de tu cuerpo: la guía esencial para la salud y el bienestar. (The Secret Language of Your Body: The Essential Guide to Health and Wellness)* (Edición de reimpresión). Beyond Words.

Williams, J. W. (2020). *Cómo leer a las personas como un libro: una guía para leer rápidamente a las personas, comprender el lenguaje corporal y las emociones, decodificar las intenciones y conectarse sin esfuerzo (Entrenamiento de habilidades de comunicación). (How to Read People Like a Book: A Guide to Speed-Reading People, Understand Body Language and Emotions, Decode Intentions, and Connect Effortlessly (Communication Skills Training)).* Publicado independientemente.

www.ingramcontent.com/pod-product-compliance
Lightning Source LLC
Chambersburg PA
CBHW030239030426
42336CB00009B/167